FELIPE ANDREOLI

O PIOR FUTEBOL DE TODOS OS TEMPOS

Este livro segue as normas do novo ACORDO ORTOGRÁFICO

PANDA BOOKS

Diretor editorial
Marcelo Duarte

Coordenadora editorial
Tatiana Fulas

Assistente editorial
Vanessa Sayuri Sawada
Juliana Paula de Souza

Assistente de arte
Alex Yamaki

Estagiária
Leika Regina Inoue

Projeto gráfico
Alex Yamaki

Diagramação
Negrito Produção Editorial

Ilustrações
Gian di Sarno – Via Friuli Studio
Vittorio Mogetta – Via Friuli Studio

Pesquisa
Gustavo Longhi de Carvalho

Preparação
Alessandra Miranda de Sá

Revisão
Ana Maria Barbosa
Juliana de Araujo Rodrigues

Impressão
Corprint

CIP – BRASIL. CATALOGAÇÃO NA FONTE
SINDICATO NACIONAL DOS EDITORES DE LIVROS, RJ

Andreoli, Felipe, 1980-
O pior futebol de todos os tempos/ Felipe Andreoli. – 1.ed. – São Paulo:
Panda Books, 2011. 112 pp.

ISBN: 978-85-7888-152-8

1. Futebol – Humor, sátira, etc. I. Título.

11-4016

CDD: 869.97
CDU: 821.134.3(81)-7

2011

Um selo da Editora Original Ltda.
Rua Henrique Schaumann, 286, cj. 41
05413-010 – São Paulo – SP
Tel./Fax: (11) 3088-8444
edoriginal@pandabooks.com.br
www.pandabooks.com.br
twitter.com/pandabooks
blog.pandabooks.com.br
Visite também nossa página no Facebook e no Orkut.

Para a minha inspiração
de todos os dias,
Rafaella.

AGRADECIMENTOS

Em especial aos meus pais, aos meus irmãos e a toda minha família. A toda direção da Rede Bandeirantes de Rádio e TV. Aos fãs de coração, de carteirinha, do Orkut e do Twitter!

E aos amigos e incentivadores: André de Oliveira Coutinho, André Ribeiro, Carlos Gomes, Carlos Sartori (Pé de Milho), Celso Dario Unzelte, Cláudio Julio Tognolli, Fernanda Guimarães, Gian di Sarno, Tatiana Diniz, Carlos Gianfratti, Diego Barredo, Gonzalo Marcó, Paulo Franco e a todos da Conteúdo Artístico.

SUMÁRIO

PREFÁCIO

Desde menino nunca tive muita sorte em disputas esportivas. Como tinha bunda grande e era preguiçoso, dificilmente era o primeiro a ser escolhido, qualquer que fosse a modalidade.

Como eu sempre sobrava nos times de segunda linha, os títulos passavam longe da minha prateleira. Relegado às derrotas, ao esquecimento e, muitas vezes, ao banco de reserva, só me restava observar os vencedores.

Quando cheguei à adolescência, emagreci e comecei a ser eleito pelos bons de bola para fazer parte do escrete A dos times da escola. Nem assim consegui levar um título no colégio, na faculdade... nem no par ou ímpar. Parei nas semifinais, na final, com gol contra, com pênalti perdido (inclusive por mim), e até hoje a estante continua vazia, não há um troféu sequer.

Na hora de escrever um livro, nada mais justo do que falar do que eu entendo bem: derrotas.

Mas perder não é ruim. Sempre me lembro da célebre música dos Los Hermanos, que canta mais ou menos assim:

"... Olha lá quem pensa que perder é ser menor na vida...
Olha lá, quem sempre quer vitória e perde a glória de chorar.
Eu que já não quero mais, ser um vencedor..."

Espero que vocês também possam admirar a beleza das derrotas neste livro.

Felipe Andreoli

MEU NOME É OTA

Sou a figura mais temida dos bastidores do futebol, embora você não me conheça. Mas vai me conhecer hoje. Resolvi abrir meus arquivos. Meu nome é Ota. Na verdade, meu sobrenome é Ota. Meu nome mesmo é Dércio. Minha mãe era fã de um antigo jurado daqueles programas do Silvio Santos, Décio Piccinini, e escolheu meu nome para homenageá-lo. Mas mamãe sempre foi meio surdinha e teimosa. Achava que o nome do desgraçado era Dércio. E assim ficou: Dércio. Dércio Ota.

Embora meu sobrenome seja Ota, na verdade não é nem de pai, nem de mãe. Mamãe chama-se Vitória Silva e meu pai, o japonês dessa história, é o senhor Saburo Takawara. Saburo, em japonês, significa "terceiro filho". Meu pai é o caçula, o último filho de meus avós.

Meus pais se conheceram num daqueles caraoquês que você vê em filmes sobre o Japão. Minha mãe era a estrela em uma casa de shows-caraoquê-rodízio de sushi no bairro de Ota, em Tóquio, perto do aeroporto de Haneda. No dia em que pôs os olhos naquela carioca de Bangu, papai se apaixonou perdidamente – mas só conseguiu conquistá-la depois de muita insistência e litros e litros de saquê. Casaram-se e viveram no mesmo bairro até meu nascimento, quando vieram morar no Brasil, mais perto da família da mamãe.

Meus pais saíram de mala e cuia de Tóquio. Trouxeram todos os documentos necessários para que eu fosse registrado devidamente aqui no Brasil. Na hora do registro, o figurinha do Sétimo Cartório de Bangu se embananou e colocou o nome do bairro onde nasci como se fosse meu sobrenome. Mamãe achou uma linda coincidência, um aviso do destino para prestar uma homenagem ao local em que ela e papai se conheceram e deixou desse jeito. Virei Dércio Ota.

Meu pai é um japa diferente. É bem alto, forte, braços largos, pernas grossas e pés enormes. Realmente, está fora do padrão nipônico. Para ter uma ideia do que estou dizendo, veja só o apelido de papai lá em Bangu: seu Sabugo Taca a Vara. E seu Saburo tem outros dons. Meu pai possui grandes aptidões esportivas. Nunca vi um japonês jogar futebol tão bem quanto ele. Mas a posição é a menos querida no esporte: goleiro. Grandão, seu Takawara pegava até pensamento. Adorava aquele 0 × 0 em que os arqueiros fechavam o gol. Também tem mania de torcer pelos mais fracos. Sempre torceu pelos times azarões. Aqui no Rio de Janeiro é Bangu, claro. Em São Paulo, Juventus. E assim por diante. Apesar de ser muito bom nos esportes, papai nunca foi competitivo. Se ganhar, ganhou. Se perdeu, ótimo também. Hoje, ele faz parte da Seleção de Curling de Bangu, apesar do calor médio de quarenta graus por aqui.

Já a dona Vitória sempre foi supercompetitiva. Por isso foi parar no Japão e acabou conhecendo meu pai. Minha mãe disputa todo tipo de campeonato. Depois de ganhar o Torneio de Caraoquê de Bangu, mamãe foi premiada com uma viagem para o Japão e só voltou de lá casada com seu Sabugo, digo, Saburo.

Mas minha mãe não é Vitória só no nome. Quer ganhar até no par ou ímpar. Ela me cobrava conquistas à exaustão, principalmente as esportivas. Pobre dona Vitória... Mal havia percebido a cacofonia que havia feito e que mudaria para sempre minha sorte e minha vida.

Quando vim morar no Brasil, ganhei um apelido que, na verdade, é o diminutivo do meu nome: Dér. Mas sabe como é carioca, né, me*rrr*mão? Puxa muito, pra caraca, o "r". Aí, quando a moçada começou a juntar meu apelido com meu sobrenome, ferrou. Dé*rr*Ota. Simplificando: Derrota. Em vez de ser um descendente de Taca a Vara, tornei-me Derrota. Saí perdendo desde meu nascimento e, a partir daí, nunca foi diferente.

Frustrações

Meu nome foi só o início de uma vida de poucas vitórias, na realidade, só uma: minha mãe mesmo. Nos tempos de colégio, perdia todas as minhas bolinhas de gude. Era sumariamente rapelado no bafo; não sobrava uma figurinha pra contar história. Quanto maior a bola, maior a decepção. Pro basquete não tinha altura, não puxei meu pai em nenhum de seus dotes; repito, infelizmente: nenhum de seus dotes. Sempre fui franzino, mirrado, o que já dificulta numa disputa esportiva. Péssimo levantador de vôlei, sem fôlego para o handebol, raquete de tênis então... nem pensar! Mas o esporte que mais amo é justamente aquele em que sou mais pereba: o futebol. Tentei todas as posições – atacante de péssima pontaria, na meia faltam habilidade e criatividade, de volante falta pegada, pras laterais não tenho força física, e até pra zagueiro sou muito grosso. Restou o que sempre sobra para os pernas de pau: goleiro. Porém, como já disse, não puxei meu pai também no quesito "tamanho", portanto faltaram-me muitos centímetros para fechar o gol; aliás, faltaram-me outros centímetros para ser um verdadeiro Takawara, mas esse – ainda bem – não é o assunto.

Na educação física era sempre o último a ser escolhido. Nunca venci aquelas malditas olimpíadas de colégio. Nem do Torneio Internacional de Pedra-Tesoura-Papel (também conhecido como joquempô – aliás, do japonês *jan-ken-po*, o que deveria, por osmose, tornar-me especialista no jogo) aqui de Bangu eu participei. Fui eliminado na etapa regional.

Mas não sou desprovido de talento. Sou muito bom em matemática, consigo contar e calcular em alta velocidade, tenho boa memória, sempre sei onde tudo está. Embora esse dom tenha me levado a uma profissão um tanto insólita: arquivista.

Comecei de maneira quase intuitiva como arquivista na Escola Municipal Getúlio Vargas, em Bangu. Minha turma criou uma espécie de Google pré-histórico, guardando todas as informações e provas de todas as matérias, dos mais variados anos escolares. Eu era o responsável por guardar essa vasta documentação e repassar, a preços módicos, informações valiosas para alunos em desespero escolar. Era capaz de achar uma prova de química do segundo colegial C, do primeiro bimestre, da professora Margarida, em poucos segundos. Sou bom nisso!

Do Bangu à Fifa

Após me tornar o arquivista oficial do colégio, iniciei um novo trabalho. Ainda muito jovem passei a arquivar fichas e dados dos jogadores do Bangu Atlético Clube (BAC). Para os desavisados, logo digo que pelo campo de Moça Bonita já passaram muitos craques e que o Bangu já teve grandes resultados. O Bangu, pasmem, empatou com a Seleção Brasileira que seria tricampeã mundial de 1970: no dia 14 de março desse ano, ficaram no 1 × 1.

Além disso, a linhagem da família Da Guia saiu de Bangu. Ladislau da Guia é até hoje o maior artilheiro do clube. Domingos da Guia, pai de Ademir, foi um dos maiores jogadores do BAC. Paulo Borges também jogou no Alvirrubro. Outro que fez muitos gols no glorioso Banguzão foi o artilheiro Cláudio Adão. Além de Fausto, supervolante da primeira Copa do Mundo, a de 1930. Ele fez uma Copa tão impressionante que ganhou dos uruguaios o apelido de Maravilha Negra.

Falando em negros, em 2001, o Bangu recebeu a Medalha de Tiradentes do governo carioca, por ter sido o primeiro clube do Rio de Janeiro a escalar negros em seu time, em 1905. Está tudo arquivado lá em Moça Bonita. Sei onde estão guardadas todas essas notícias e fatos do clube do meu coração.

O Bangu foi vice-campeão brasileiro de 1985, sendo vencido pelo Coritiba na final. Quando a CBF decidiu fazer uma homenagem aos vice-campeões daquele torneio, recorreu aos arquivos do Bangu. Os emissários da Confederação ficaram surpresos com minha rapidez para achar os documentos, e logo fui contratado pela entidade para trabalhar com os arquivos do futebol nacional.

Com a proximidade entre CBF e Fifa, foi um pulo até chegar a Zurique, onde fica a sede da entidade máxima do futebol mundial.

O senhor João Havelange, então presidente da Fifa, visitava com frequência a sede da CBF e se encantava com minha agilidade em achar a ficha dos mais diversos jogadores. Adorava me ver em ação ao procurar e encontrar com rapidez a ficha dos seus jogos favoritos, comumente do Fluminense, seu time de coração. Não demorou muito tempo para me levar à Suíça, para trabalhar na Fifa. E é na terra do chocolate e das contas secretas que começa esta história.

PARTE 1
MINHA SECRETÁRIA TRILÍNGUE E O ARQUIVO Y

Cheguei a Zurique com o *status* de apadrinhado do "homem". Ganhei uma sala no subsolo, com direito a secretária trilíngue. Loira, seios fartos, coxas torneadas e alta, muito alta. Seu nome era Nadezhda Putina, mas o diminutivo de Nadezhda é Nadya. Já o sobrenome veio de um primo de terceiro grau famoso, o ex-primeiro-ministro Vladimir Putin. Na Rússia, em alguns casos, o sobrenome da mulher leva um A no final, por isso Putin tornou-se Putina. Dona Nadya Putina.

Sempre sonhei com uma dessas secretárias maravilhosas que se sentam à mesa do chefe para tomar notas. Mas, para mim, de nada adiantou, pois as três línguas que ela falava eram inglês, francês e russo. Eu só sabia o português mesmo. Comunicava-me com ela por mímica. Mais uma derrota, logo de cara.

Nos primeiros dias, pensei que não teria nada para fazer. Porém, alguns meses depois, tive plena certeza disso. Numa bela tarde, fui pedir papel sulfite emprestado a outro brasileiro que trabalhava lá. Precisava renovar a frota de aviõezinhos, pois a última operação havia consumido uma resma inteira. O brasileiro era descendente de mexicanos e, diziam, apadrinhado do presidente da Conmebol. Tinha uma sala ao lado da minha, com o dobro do tamanho e o dobro de secretárias! O cara tinha duas Putinas! Na verdade, elas não eram russas, mas tinham os mesmos dotes de Nadya: eram boazudas e boas, muito boas, de língua (isso dizem as más-línguas...).

Flor – como era conhecido o chicano-brazuca, embora de flor não tivesse nada – não estava na sala. O que não era novidade. Florêncio Paz costumava ficar dias sem aparecer na sede da Fifa. Deixava os pertences jogados em cima da mesa e sumia do mapa. Dizia a todos que ia visitar os pais em Cidade Juárez, mas acho mesmo que era envolvido com o tráfico, com o cartel da cidade. Só que o negócio de Flor não era as drogas, e sim o contrabando de guacamole, que, no caso dele, em vez de ser feito com abacate, continha pequi, fruta comum no Centro-Oeste brasileiro e que costuma dar grande dor de barriga aos desavisados.

Suas secretárias – uma paraguaia (lembrava muito a Larissa Riquelme) e outra argentina (também lembrava Riquelme, mas não a Larissa, e sim o jogador, Román Riquelme) – também não eram nenhum exemplo de assiduidade. Por esse motivo, resolvi abrir as gavetas para procurar as folhas de papel. E não é que encontrei uma grande pasta de arquivo com a letra X escrita em vermelho? Curioso que sempre fui, abri a pasta, que batizei de Arquivo Y (só pra disfarçar), e comecei a ler avidamente os documentos. Fiquei abismado. Tratava-se de um levantamento minucioso sobre tudo de pior que já havia acontecido no futebol brasileiro.

Trago a público, agora, o conteúdo daquela pasta.

CAMPEONATO BRASILEIRO

Desde 1971, o Campeonato Brasileiro faz os torcedores, Brasil afora, comemorarem vitórias e títulos dos maiores clubes brasileiros. Até o final de 2010, foram realizados mais de 14,5 mil jogos somente pelo Brasileirão da primeira divisão. Cento e vinte e oito equipes de 22 estados já participaram da primeira divisão do Brasileiro pelo menos uma vez. Listamos a seguir os piores times da história do Campeonato Brasileiro.

Guará (DF)
Grande missão: ser o último colocado

Para começar esse dossiê, vamos relembrar o pior time do pior Campeonato Brasileiro da história. As confederações esportivas no Brasil são capazes de criar as fórmulas mais esdrúxulas e mirabolantes do planeta – um livro à parte –, e o Campeonato Brasileiro de 1979 não foi diferente. Entrou para a história como um dos mais confusos e maiores da história do futebol nacional, e internacional também.

Primeiro ele contou com o número recorde de 94 participantes na mesma divisão. É isso mesmo: só mais seis e resultaria em cem, aí ficaria bem legal. Isso porque quatro times paulistas – Corinthians, Santos, São Paulo e a gloriosa Portuguesa – recusaram-se a participar do campeonato, não por causa da fórmula, e sim porque queriam entrar na terceira fase do torneio, como Guarani e Palmeiras, que haviam sido campeão e vice, respectivamente, do ano anterior. A CBD (o monstro que criou a CBF), organizadora do campeonato, não permitiu, autorizando a entrada desses times apenas na segunda fase. Portanto, não participaram, dando uma enxugada no torneio.

O Guará, do Distrito Federal, conseguiu a façanha de ser o último colocado desse campeonato grotesco e gigantesco. O bravo time candango não fez muitos jogos, pois o torneio foi organizado em fases e, a cada uma, muitas equipes davam adeus. Veja bem: o Brasileirão de 1979, com 94 clubes, durou apenas três meses, enquanto o Brasileirão de 2010, com vinte, durou sete meses. Não me pergunte como, só nasci em 1980.

A campanha do Guará, com apenas oito jogos, foi a seguinte:

- Itumbiara (GO) 3 × 1 Guará
- Mixto (MT) 3 × 0 Guará
- Brasília (DF) 1 × 0 Guará
- Fluminense (BA) 1 × 1 Guará (o primeiro pontinho!)
- Atlético (GO) 3 × 0 Guará
- Gama (DF) 2 × 0 Guará
- Itabuna (BA) 0 × 0 Guará
- Guará 0 × 1 Operário (MT)

E para completar, na que seria a última rodada da primeira fase contra o Comercial (MS), o Guará desencanou, viu que não dava mais e simplesmente não compareceu. No duelo contra o Mixto o time levou 3 × 0, com dois gols do craque do time mato-grossense – Bife era o nome da fera. Jogando no Mixto ainda seria aceitável o presunto, o queijo, ou o pão. Mas, com o nome de Bife, ele se mostrou um artilheiro ao ponto e fez dez gols no campeonato.

A campanha do Guará ficou em dois empates e seis derrotas, dois gols marcados e 14 sofridos. Trata-se da brilhante lanterna do maior Campeonato Brasileiro da história. Depois de conquistar essa posição inigualável, o Guará jamais voltou à primeira divisão do Brasileirão. Foi sua primeira e, literalmente, única participação.

Tiradentes (PI)
Em ritmo de samba-enredo

As maiores goleadas da história do Brasileiro, coincidentemente (ou não), ocorreram em fevereiro, época de Carnaval. Não se sabe precisar se quem perdia era quem estava de ressaca ou quem não havia aproveitado bem a festa, mas aqui estão os times mais ensacados.

Acredite se quiser, o Tiradentes do Piauí já teve até bons momentos na década de 1970, mas entrou para a seleta galeria dos piores por ter sofrido a maior goleada da história do Campeonato Brasileiro até hoje. Tudo aconteceu em 9 de fevereiro de 1983, época em que a tradicional escola de samba Rosas de Ouro foi campeã dos desfiles em São Paulo com o samba-enredo *Nostalgia*, que continha os seguintes versos:

> Sorrindo à toa, que legal
> Gira, gira, carrossel
> O circo tem palhaço, faz a gente rir à toa
> E que felicidade
> Lembrar São Paulo, do bonde e a garoa.

São Paulo do bonde, da garoa e do Corinthians do cabeleira beleza Biro-Biro, do bigodão Zenon, do homem de ferro Wladimir e do doutor da alegria, Sócrates. Com os foliões da democracia, o Timão girou o carrossel do Tiradentes, fez do time do Piauí o palhaço que faz a gente rir à toa e, que felicidade!, enfiou 10 × 1.

O jogo foi no estádio mais incrível da cidade, quiçá do país: o Canindé. O mestre-sala foi Sócrates, que desfilou quatro gols, e a alegoria nota dez ficou com Wladimir, que fez um gol de bicicleta, o sétimo do Timão.

Como quem não chora não mama, após o nono gol, marcado por Sócrates de pênalti, a torcida, mais empolgada que o Neguinho da Beija-Flor, pediu: "Queremos dez, queremos dez!!!". E o Corinthians, com Vidotti, aos 42 minutos, fez o placar registrar dois dígitos: 10 × 1.

E olha que o folião maior, Casagrande, artilheiro do time, não jogou essa partida.

Mas, para confirmar o bordão de que tudo é mais sofrido para o corintiano, a goleada foi de virada. O Tiradentes abriu o placar com um gol de pênalti de Sabará, aos 18 minutos do primeiro tempo.

Não podemos esquecer também do gol de cabeça de Biro--Biro, o nome mais carnavalesco do futebol mundial, e o go-gol de vo-voleio do gaguinho Ataliba.

A partida valeu pelo returno do grupo, que tinha Fluminense (RJ), Fortaleza (CE), CSA (AL) e Tiradentes (PI). Na partida do turno, sob o calor único do Piauí e diante de mais de 40 mil pessoas, o Corinthians perdeu, isso mesmo, *perdeu* para o Tiradentes por 2 × 1, em 30 de janeiro, apenas dez dias antes da goleada histórica. Quem é tiozinho e assistia a TV Cultura lembra que, durante a transmissão da goleada, enquanto o Corinthians ia fazendo os gols e botando o Tiradentes para dançar, o grande narrador Luiz Noriega não aguentou e lançou a pergunta: "Como o Corinthians conseguiu perder para este time?".

Simples, Noriega. O Tiradentes fez uma boa campanha na primeira fase, vencendo os quatro jogos que fez no caldeirão de Teresina – 2 × 1 no Corinthians e no CSA, 1 × 0 no Fluminense e 4 × 1 no Fortaleza. E se classificou para a fase seguinte em terceiro no grupo, atrás apenas do Timão e do Flu. Acabou eliminado por Palmeiras e Flamengo, e terminou o campeonato num honroso 27º lugar.

Essa foi a quinta e última vez, até hoje, em que o Tiradentes participou da elite do Campeonato Brasileiro. A penúltima vez foi em 1979, quando caiu 61 posições e terminou em 88º lugar no fatídico e gigantesco Brasileiro daquele ano.

Tuna Luso (PA)
Abaixo o verde!

Se o Tiradentes do Piauí foi enforcado pelo Timão no Brasileiro de 1983, o Vasco não quis saber do parentesco português do Tuna Luso e castigou o rival paraense no campeonato nacional de 1984.

Isso, na verdade, só aconteceu graças à má escolha da cor do uniforme do time do Pará. Ambas as agremiações usam o uniforme com faixa em diagonal e com a cruz de Malta no peito, referência à ascendência portuguesa das duas equipes. Mas o Vasco escolheu o preto e branco e o Tuna teve a terrível ideia de optar pelo verde. Você conhece grandes times mundiais que usam verde? Pense bem. Pois é, o Palmeiras é o maior time verde que conheço, e esse já é um bom indício de que, daí pra baixo, não pode haver times muito incríveis. Nenhum na Itália, nem na Inglaterra, nem na Espanha, ou seja, nenhuma equipe verde nos maiores campeonatos da Europa. É como se o uniforme fosse de criptonita.

Para confirmar o mau agouro dos trajes verdes, o Tuna enfrentou seu gêmeo em preto e branco, o Vasco, em 19 de fevereiro de 1984. Era a primeira fase do Campeonato Brasileiro. Após empatar surpreendentemente com Vasco e São Paulo em casa, era a hora de enfrentar os compadres vascaínos no estádio de São Januário, no Rio de Janeiro. Nesse dia, a batata, ou melhor, o pãozinho do Tuna Luso assou.

O Vasco, ironicamente, era comandado por um irmão – sim, por Edu Coimbra, irmão de Zico, que nem precisou do reforço do Galinho de Quintino para humilhar a Águia do Pará.

Só de aperitivo, no primeiro tempo, o Vasco sapecou 4 × 0. No segundo tempo, com direito a sobremesa, o Vasco superou a contagem do primeiro e marcou mais cinco gols. Final de jogo: Vasco 9 × 0 Tuna Luso, na segunda maior goleada da história dos Campeonatos Brasileiros.

O meio-campo Arthurzinho comandou a fornada vascaína e fez quatro gols, o atacante Marcelo estufou a pança e a rede fazendo três. O Vasco, mantendo a tradição, viria a ser o vice-campeão brasileiro nesse ano, perdendo a final para um time um terço verde: o Fluminense. E, nessa partida em que o Vasco marcou nove vezes, o seu maior artilheiro, Roberto Dinamite, que inclusive viria a ser o artilheiro do Brasileirão de 1984, sequer entrou em campo. E olha que, apenas 11 dias antes, em 8 de fevereiro, Vasco e Tuna Luso empataram em 1 × 1, em Belém do Pará. Não se sabe se nessa partida o Tuna jogou com o uniforme branco, fator que, sem dúvida, equilibraria a partida.

Fortaleza (CE)
Fecha o bico, papagaio!

O Flamengo teve seu melhor momento na história do futebol quando foi campeão mundial em 1981; na época, o Rubro-Negro realmente tinha um timaço. Mas imagine uma partida em que os desfalques foram Zico, Júnior, Tita, Leandro e Andrade. E que o goleiro adversário era Ado, campeão mundial em 1970. Imaginou um jogo duro? Então imaginou errado.

Flamengo e Fortaleza se enfrentaram no estádio do Maracanã em 4 de fevereiro de 1981. Nesse dia, o desfalcado Fla meteu 8 × 0 no Tricolor cearense, num jogo em que o artilheiro Nunes (esse jogou!) marcou cinco gols, quatro só no segundo tempo.

O Campeonato Brasileiro de 1981 foi o último Brasileirão no qual Ado jogou. No total, Ado disputou seis Campeonatos Brasileiros. Os quatro primeiros foram pelo Corinthians, entre 1971 e 1974, quando, em sessenta jogos, tomou exatamente sessenta gols, uma boa média de um gol sofrido por jogo. Em 1975, pelo Atlético Mineiro, fez seis partidas, tomando 12 gols e dobrando a média de gols sofridos. Em seguida, tirou longas férias e só voltou a jogar um Brasileirão em 1981. Devia ter mantido a chuteira pendurada...

Em 1981, em oito jogos, ganhou um, empatou dois e perdeu cinco, tomando 22 gols, numa média de 2,75 gols por jogo. Simplificando: em todo jogo ele buscava a bola no filó três vezes. Aos 35 anos, deve ter ficado com bico de papagaio de tanto agachar e pegar a bola na rede.

Guarani (SP)
Um caso à parte e bem-sucedido

Torcedor saudosista não falta no Brasil. Uma torcida que lembra com saudade dos bons tempos de sua agremiação é a do Guarani (SP). O Bugre tinha um timaço e chegou às semifinais do Nacional de 1982 sendo eliminado pelo Flamengo, que foi o campeão. Para comprovar que a máquina verde estava madura, num período de quatro dias, entre 4 e 7 de fevereiro de 1982, o Bugre fez mais gols do que o atual centroavante do time em toda a carreira.

Em 4 de fevereiro, o adversário foi o River, do Piauí. Com o perdão do trocadilho, o time piauiense era, de fato, "horRiver"... O resultado final foi: Guarani 8 × 0 River. O jogo, realizado no estádio Brinco de Ouro da Princesa, em Campinas, teve o centroavante Careca como artilheiro: três gols. Todo mundo está careca de saber que o Careca era cabeludo e fazia muitos gols. O estranho é que o jogo não foi tão fácil como pode parecer – o primeiro tempo virou com "apenas" 1 × 0 para o Guarani, com um gol de Ernani Banana aos 43 minutos do primeiro tempo. Ainda bem que o Banana só fez um gol, porque com esse nome deveria ser proibido fazer mais.

O River perdeu todos os oito jogos que fez, terminando o Brasileirão de 1982 na 44ª e última colocação e sendo rebaixado... Ah vá, para a série B, também conhecida como segunda divisão.

Mas o Guarani mostrou que não bate apenas em bêbado. Quatro dias depois, quem enfrentou o Guarani, também em Campinas, foi o Ceará. E o Bugre resolveu manter a média e conseguiu a incrível proeza de marcar oito gols novamente. Porém, benevolente, deixou o Ceará fazer um. Final: 8 × 1.

Nesse jogo, três jogadores fizeram dois gols: os craques Careca e Jorge Mendonça, e o atacante com nome unissex, Zezé. Em 28 de janeiro, apenas dez dias antes, Guarani e Ceará haviam empatado em 1 × 1 em Fortaleza. E quem fez o gol do Bugre? Ele, o atacante com nome de manicure: Zezé.

Sampaio Corrêa (MA)
Ele nasceu da façanha de Pinto

O Maranhão tem, pelo menos, duas instituições: o imortal (mais porque não morre do que pelas obras que já escreveu), o Highlander da política, José Sarney, e o glorioso Sampaio Corrêa Futebol Clube.

O clube com o nome mais inusitado do país tem também os melhores apelidos: Tricolor de São Pantaleão e, acredite se quiser, Bolívia Querida. Sua mascote é o Tubarão; o uniforme, com as cores bolivianas, é vermelho, verde e amarelo – coisa linda! E o clube leva esse nome graças ao hidroavião Sampaio Corrêa II, que aportou em São Luís em 12 de dezembro de 1922, sob o comando do piloto Pinto Martins. Graças a essa grande façanha de Pinto, nasceu o Sampaio Corrêa, time que mais tem títulos estaduais no Maranhão.

É, mas basta sair do Maranhão que a coisa fica feia pro Tubarão. Em 16 de setembro de 1976, o time perdeu por 8 × 1 do Flamengo, numa goleada que qualquer time legitimamente boliviano assinaria. A partida, realizada no Maracanã, envergonharia até o distinto senador carioca José Mattoso de Sampaio Corrêa, presidente do Aeroclube Brasileiro e que doou o avião Sampaio Corrêa II, aquele do comandante Pinto.

Zico, que nada tinha a ver com o Pinto, marcou três gols. Já o centroavante Luisinho marcou dois. Aos 23 do segundo tempo, a partida já estava 8 × 0, mas, aos quarenta da etapa final, Ferraz fez de pênalti e honrou toda a história e glória do Bolívia Querida, do Tricolor de São Pantaleão, que terminou o Campeonato Brasileiro em um esforçado 44º lugar (dentre 54 participantes), com sete derrotas em 12 jogos e um invejável saldo (negativo) de gols: 19.

São José (SP)
Pelado, pelado...

O São José já teve grandes momentos, como em 1989, quando foi vice-campeão paulista, perdendo uma final apertadíssima para o São Paulo e sendo afanado na cara larga, pois deveria ter feito o segundo jogo em seu reduto, o estádio Martins Pereira. Depois de ter sofrido o trauma da derrota de 1989, tudo foi desgraça na vida do São José. Em 2000, coube ao clube a "honra" de ser o último colocado da Copa João Havelange (aquele campeonato horroroso que a CBF criou também para salvar o Fluminense de jogar de novo a segundona). Considerando as três divisões que envolveram o campeonato, a Águia do Vale ficou na 114ª e última colocação – o pior do Brasil.

Em dez jogos, um empate e nove derrotas. Com essa campanha empolgante, a média de público em São José foi de duzentas pessoas. Com a bilheteria do clube mais vazia do que a de cinema de interior sem legenda, a falta de dinheiro se agravou, e o São José sofreu com uma greve, mas não de jogadores, e sim das lavadeiras do clube (se não tinha nem time, não ia ter máquina de lavar, né?). Com isso, o time chegou a ficar sem treinar, pois não havia uniforme para os atletas.

Imagine só 22 peladões em campo! Sérios problemas aconteceriam no treinamento...

América (RN)
A sorte com um número místico: 11.111

Os clássicos entre equipes do Nordeste costumam ser bastante acirrados, mas em um dia místico, em plena Fonte Nova, em Salvador, com o misterioso público de 11.111 torcedores, o América de Natal, conhecido como Dragão, parecia estar dentro da *Caverna do dragão*, aquele desenho em que as crianças viviam eternamente perdidas, e se perdeu, ele também, em meio aos oito gols que levou do Vitória, no Brasileirão de 1980. Trata-se do dia 23 de março de 1980, quando o Vitória atendeu a todas as preces dos 11.111 pagantes e fez chover gols, vencendo por 8 × 1.

Quem acertou na Loto do jogo foi o artilheiro Sena, que fez três bingos na partida. No banco do Vitória, uma figura mitológica do futebol canarinho: Orlando Peçanha, o quarto-zagueiro campeão do mundo pelo Brasil em 1958, era o treinador.

Jataiense (GO)
Já-tava-indo... foi!

O Jataiense já-tava-indo longe demais na série C do Brasileirão de 2006. Mas tudo começou a mudar quando a equipe foi massacrada pelo América mineiro por 9 × 0, sem a menor chance. Não bastasse a goleada, naquele mesmo campeonato os jogadores foram barrados em um hotel. Não na entrada, e sim na saída.

O problema é que o dinheiro do clube para o pagamento das diárias não chegou. A solução foi o técnico da equipe, o ex-zagueiro Polozi (que jogou na Ponte Preta, no Palmeiras e no Bangu, entre outros clubes, e também na Seleção), pagar a diária de todos do próprio bolso com um cheque, para que o time pudesse seguir viagem. Isso é que é técnico! Exemplo de como defender o time!

Bom, Polozi saiu algum tempo depois. Essa história foi mostrada no programa *Histórias do esporte*, do canal ESPN Brasil.

* * *

Aproveitei que o mexicano de meia-tigela tinha uma máquina de xerox na sala e comecei a copiar freneticamente todas as folhas. Era incrível o grau de detalhamento do Arquivo Y.

Lembro da boa e velha Tele Sena do Silvio Santos que dona Vitória adora comprar lá em Bangu – ganha quem faz mais ou menos pontos; portanto, tão difícil quanto conquistar 100% deles é conquistar 0%. Apenas dois times alcançaram tal façanha: o aproveitamento de 0% em uma edição do Campeonato Brasileiro da primeira divisão.

Lembra do River? Não é o River Plate, aquele time argentino que, só de ouvir o nome, corintiano chora. É o "horRiver" do Piauí. Em 1982, conquistou a marca de oito derrotas em oito jogos. E, no mesmo nível dos políticos nacionais, veio o Brasília (DF), no Brasileiro de 1984, que terminou em 41º e último lugar, é claro, também com oito derrotas em oito jogos, quatro gols marcados e 24 gols sofridos, e com saldo mais negativo do que o do Congresso Nacional com o cidadão brasileiro.

Depois de esmiuçar a primeira divisão, o "senhor Madruga da Fifa" chegou também à nossa segundona, à nossa terceirona e até a campeonatos que não existem mais. O cara vasculhou impiedosamente o futebol canarinho. Mesmo com medo de que alguém entrasse na sala, continuei lendo...

* * *

Segundona

Não podemos deixar a segundona de fora dessas estatísticas, e vamos considerar que tudo pode ser pior; por isso, vamos às maiores goleadas dos Brasileirões da segunda divisão:

- Em 18/11/2006, o Paulista (SP) fez o Paysandu (PA) chamar a "mãesandu" com os 9 × 0 que aplicou no time paraense.
- Em 24/1/1982, o Volta Redonda (RJ) fez o Operário (MT) sonhar em ser mestre de obra depois de tomar 8 × 0 na cabeça.
- O Coritiba (PR) passou o trem por cima da Ferroviária (SP): 8 × 0 em 16/8/1995.

Terceirona

As maiores goleadas do Campeonato Brasileiro da terceira divisão foram as seguintes:

- O América (MG) não estava nem aí pro Jataiense (GO) e o sacolou por 9 × 0, em 20/8/2006, fazendo história.
- Tivemos o inesquecível placar de Baré (RR) 9 × 1 Genus Rondoniense (RO), em 17/9/2000.
- O Etti Jundiaí (SP) fez 8 × 0 no União Bandeirante (PR) em 2/9/2000.
- O Santa Inês (MA) fez milagre e goleou por 8 × 0 o novato Tocantins (MA), em 8/9/2002.
- O Paulista de Jundiaí, protagonista da maior goleada da segundona, por 9 × 0 no Paysandu, tinha em 2000 o nome de Etti Jundiaí. Nesse ano, o Etti mostrou que o tempero estava no ponto! No dia 15 de outubro, 7 × 0 sobre o Matonense (SP), e, no dia 1º de novembro, repetiu o 7 × 0, dessa vez sobre o Moto Clube (MA).

Taça Brasil

Depois de tanto lenga-lenga, dois torneios nacionais que precederam o Campeonato Brasileiro (que começou em 1971), a Taça Brasil e o Roberto Gomes Pedrosa (conhecido como Robertão) foram unificados com o Brasileirão, e fizeram de Santos e Palmeiras os maiores campeões do Brasil com oito conquistas. Mas o assunto aqui são os piores. Então vamos recordar.

A Taça Brasil foi disputada entre 1959 e 1968, e dava vaga à Libertadores da América. Mesmo em tempos de mais craques e muitos gols, houve apenas três goleadas com oito gols ou mais:

- Fluminense (que ainda pertencia ao antigo GB – estado da Guanabara, hoje Rio de Janeiro) 8 × 0 Fonseca (RJ), em 31/8/1960 – lembrando que esse Fonseca não tem nada a ver com aquele Fonseca lateral direito, conhecido por tomar bola nas costas.
- Grêmio (RS) 8 × 0 Perdigão (SC), em 19/11/1967 – lembrando que esse Perdigão não tem nada a ver com aquela Perdigão que fabrica presuntos.
- Uma final de campeonato, Palmeiras 8 × 2 Fortaleza (CE), em 28/12/1960 – lembrando que o Fortaleza é aquele mesmo que apanhou do Flamengo na década de 1980.

Robertão

O Robertão nada tinha a ver com o pegador da época, o Rei da Jovem Guarda, Roberto Carlos. O Roberto Gomes Pedrosa existiu entre 1967 e 1970 e foi o precursor do Campeonato Brasileiro, disputado a partir de 1971. Duas goleadas marcaram sua breve história:

- O Santos de um outro rei emplacou 9 × 2 no Bahia, em 10/10/1968.
- Mais humildemente, o Cruzeiro (MG) enfiou 6 × 0 na Ponte Preta (SP), em 21/11/1970.

COPA DO BRASIL

A Copa do Brasil começou a ser disputada em 1989. O campeonato reúne equipes de todos os estados brasileiros e já viu o Brasiliense do ex-senador Luiz Estevão – acusado de um monte de coisas feias – jogar uma final com o Corinthians em 2002. Curiosamente, o assaltado foi o time de Brasília e o Timão levou o caneco. A Copa do Brasil viu também o Criciúma de Felipão vencer o Grêmio, justamente o futuro time de coração do treinador, para ser campeão em 1991. Se até times que usam amarelo (lembre-se que o amarelo, assim como o verde, não é uma cor de sorte para time de futebol; só para seleções, ou melhor, só para o Brasil – ou a Austrália é boa?), como o Brasiliense e o Criciúma, deixaram sua marca por boas campanhas na Copa do Brasil, outros jamais serão esquecidos por outras proezas...

Kaburé (TO)
Chulé agourento

O Prêmio Caboré premia todo ano os melhores na propaganda brasileira. Já o Kaburé não fez boa propaganda e queimou o filme de Tocantins na Copa do Brasil. O Kaburé foi a primeira equipe do estado de Tocantins a participar do torneio. Em 1994, a estreia foi surpreendente, e a equipe só caiu na segunda fase, eliminando, de quebra, o América (MG), o glamouroso terceiro time de Minas Gerais. Ironicamente, o time acabou sendo eliminado pelo Comercial, não de TV, e sim o de Campo Grande. Mas as suas participações marcantes ainda estavam por vir.

Em 1995, após passar pelo perigoso Maranhão na primeira fase, o time do Kaburé realizou um sonho: conhecer o Rio de Janeiro. Os caras não estavam nem aí pra enfrentar o poderoso

Flamengo de Romário. No jogo de ida, em Tocantins, o Kaburé apostou a própria vida e conseguiu perder por apenas 1 × 0 (na Copa do Brasil, se o time da casa perdesse por três gols de diferença, não jogaria a volta), o que garantiu a realização do jogo de volta, em 26 de abril de 1995, diante de apenas 1.452 testemunhas no estádio da Gávea. Pois é... Nem a maior torcida do Brasil quis ver o Kaburé em campo.

Ao final, os torcedores perderam o massacre do Flamengo por 8 × 0, e os pobres jogadores do Kaburé ficaram desolados... Ficaram nada! Trataram de não perder a viagem! A chance única de sair da ilha de *Lost* de Tocantins e conhecer o Rio de Janeiro... o mar, a praia, o mate gelado, as gostosas e as pombas perebentas que tomam sol em Copacabana! E, depois de tomar de oito, nunca um time voltou tão feliz, fazendo festa no voo de retorno para casa.

Mas ainda faltava conhecer uma grande capital brasileira e, dois anos depois, em 1997, o Kaburé cumpriu essa missão. Teve sorte de enfrentar a vice-campeã brasileira de 1996, a Portuguesa – sorte de conhecer São Paulo. No jogo de ida, novamente, o Kaburé deixou a alma em campo e conseguiu um belo empate por 1 × 1.

Na volta, em São Paulo, o time adotou a mesma tática do confronto com o Fla: curtir a viagem e desencanar do jogo. A partida terminou novamente em 8 × 0. Mas e daí? Os atletas conheceram a Selva de Pedra paulista, a marginal Tietê, o trânsito, a 25 de Março, e, com sorte, pegaram uma enchente também. Mais uma vez a experiência de uma viagem inesquecível: festa de arromba no avião e, ainda por cima, levaram presentes pra casa! Os tocantinenses ganharam as chuteiras dos jogadores da Lusa, pedido que haviam feito após o jogo. Depois que começaram a usar essas chuteiras, o Kaburé nunca mais conseguiu destaque no cenário nacional.

Caiçara (PI)
Cinco segundos

Caiçara, em tupi, significa "pessoa que mora em zona litorânea". Portanto, o Caiçara, clube do Piauí, já nasceu com o nome errado. Afinal, trata-se do estado mais "sortudo" do Nordeste, o que tem o menor litoral. E o Caiçara, na Copa do Brasil, manteve o bom agouro do estado.

Em 1991, os piauienses entraram para a história da Copa do Brasil. O Atlético Mineiro era o adversário na primeira fase da competição, e a derrota no jogo da ida por 1 × 0 garantiu a partida de volta em Minas Gerais.

Contra um adversário forte e tradicional, e sem ter tanto o que conhecer em Belo Horizonte, o Caiçara não queria perder de muito. Mas não deu. O Galo bicou sem piedade os caiçaras, e a derrota por 11 × 0 é a maior de todas na Copa do Brasil.

Um dos maiores nomes da agremiação, o atacante Levi, também gravou seu nome na digna história do Caiçara. Em 26 de maio de 1993, o time perdeu para o Comercial por 2 × 1, pelo Campeonato Piauiense. Levi não fez o gol mais rápido do mundo, mas conseguiu tomar cartão amarelo em apenas cinco segundos (!) de jogo. Você pode chutar a bola do meio do campo e fazer um gol em cinco segundos. Mas como fazer uma falta violenta, digna de cartão, em tão pouco tempo? Pergunte ao Levi.

Botafogo (PB)
O cover

Quem gosta de música já ouviu a célebre frase: "A versão original é sempre melhor que a *cover*". Essa frase também deve se aplicar quando o assunto é futebol. Todos os times criados no Brasil para homenagear o clube mais famoso, inevitavelmente, acabam dando vexame e fazem a homenagem às avessas.

O Botafogo da Paraíba é um deles. O escudo é idêntico ao do Bota do Rio de Janeiro. A estrela solitária predomina no escudo do Fogão da Paraíba, mas, como o estado nordestino é muito quente, a estrela é vermelha, e não branca. Vai ver ela pegou sol sem protetor solar.

O Botafogo da Paraíba, assim como seu xará carioca, já conquistou muitos títulos estaduais. Porém, na Copa do Brasil, também como o homônimo famoso, nunca levantou o caneco.

A participação mais marcante do time paraibano aconteceu em 2001, quando enfrentou o São Paulo na primeira fase.

Na primeira partida, o jogo da ida, em João Pessoa, o Botinha honrou as cores do nome do clube não com uma vitória, e sim com a valorosa derrota por 1 × 0. Detalhe: o gol da vitória tricolor saiu quando faltavam apenas seis minutos para a conquista de um empate heroico, mas, para o sofrimento da torcida paraibana, o time sofreu o gol de um jogador que nem era o craque do time. Não foi de Kaká, não foi de Luís Fabiano; o tento foi marcado por um dos ídolos do técnico Dunga: Júlio Baptista. No jogo da volta, o Botafogo da Paraíba mostrou que estava longe de ser o *cover* daquele Botafogo de Nilton Santos, Garrincha e companhia. O único ponto em comum com aquele timaço da década de 1960 foi o número de gols na partida. Pena que todos foram marcados pelo adversário. Placar: 10 × 0 para o São Paulo no estádio do Morumbi.

Mas tudo tem um lado bom... E, nessa partida, o Botinha mostrou que nem tudo é feio como o conterrâneo Chico César. Porque, depois de tomar um gol de Júlio Baptista, o time se redimiu e só tomou gol de craques: Luís Fabiano fez dois, e Kaká, que era apenas um pequeno Kakazinho, em início de carreira, fez um. Vale lembrar que o Botafogo original também aprontou das suas na Copa do Brasil: perdeu o título de 1999 em pleno Maraca para a filial mais pobre do Palmeiras/Parmalat à época, o Juventude.

Naviraiense (MS)
É Navi, mas não em Pandora

A Copa do Brasil de 2010 foi marcada pelo talento e brilho dos meninos da Vila. O Santos foi o grande campeão da competição, sem dar chance aos adversários. Poucos se recordam que a final do torneio foi disputada contra o Vitória (BA), porém ninguém esquece – apesar do nome quase impronunciável – do adversário da primeira fase: o Naviraiense. O nome do time do Mato Grosso do Sul não tem nada a ver com os Navi, habitantes do planeta Pandora em *Avatar*. Trata-se simplesmente de uma homenagem à cidade que acolhe o clube, Naviraí. Mas, na Copa do Brasil de 2010, o time tomaria uma goleada de outro mundo.

O Naviraiense, fundado em 1983, tem como uma de suas principais fontes de renda uma incrível promoção que dá ao vencedor do prêmio um Fusca e cerveja. A promoção tem um nome bem original: Fusca com Cerveja.

Se os torcedores não saíram por aí enchendo a cara e espatifando seus fusquinhas, foram testemunhas de uma partida incrível. Parece que os times grandes fazem de propósito: ganham de 1 × 0 só para aplicar uma sonora goleada jogando perto de sua torcida. No jogo de ida, o Peixe adotou essa tática e levou com uma vitória apertada: 1 × 0, com gol de Marquinhos aos 36 do segundo tempo.

Mas, na volta, na Vila Belmiro, os craques garotos-marotos-travessos da Vila botaram pra quebrar. Os alvinegros praianos enfiaram 10 × 0 nos pobres Navi de Campo Grande. Quem gosta de futebol sabe bem que os meninos da Vila são bons de bola e de dança. E as coreografias para a iminente goleada já estavam mais ensaiadas que as de Fred Astaire e Ginger Rogers.

Aos seis minutos, Paulo Henrique Ganso abriu o placar e, como um ganso bem alimentado, coreografou imitando uma pescaria. André fez o segundo e, depois da pescaria, a molecada resolveu fazer uma comemoração mais jovial, simulando uma partida de videogame. Mal sabiam que o placar seria típico de uma partida virtual.

O terceiro gol foi feito pelo nenê-Neymar, portanto nada mais justo do que ninar o caçula da companhia, e foi o que fizeram seus companheiros, que o carregaram e balançaram, como se o jogo estivesse mais fácil que ninar um bebê (o que não é fácil, diga-se de passagem).

O quarto gol foi marcado por Robinho com um belo toque por cobertura. Para o quarto gol, a companhia de balé santista armou uma "cirandinha" de vários jogadores. Mas quem ia dar a volta e meia era o time de Naviraí. Logo na sequência, ainda na primeira etapa, André fez o quinto, e os jogadores comemoraram fingindo que estavam treinando, como se estivessem correndo em volta de cones invisíveis. Vai ver o jogo estava tão fácil que aproveitaram a celebração para treinar. O sexto gol saiu de Marquinhos, em chute de fora da área, e a criatividade para comemorações começava a rarear. Seis a zero, nada de coreografia, fim do primeiro tempo.

No intervalo, os jogadores santistas devem ter descido preocupados para o vestiário. Como iriam vibrar com os próximos gols? Tinham apenas 15 minutos para pensar em novas dancinhas. Agora, imagine o papo do técnico do Naviraiense com os jogadores no intervalo! Deve ter pedido só para o time não levar de dez. Não deu.

O sétimo gol, de Neymar, foi de placa. Ele driblou três jogadores, levou o goleiro e, como cantou Jorge Ben (hoje Jorge Benjor) em *Fio maravilha*, "só não entrou com bola e tudo porque teve humildade em gol". Mais um tento sem coreografia, porque nesse gol quem dançou foi o time do Naviraiense, que já estava azul de vergonha.

Copa do Brasil – Os maiores chocolates

A Copa do Brasil, devido à desigualdade no "mercado pernas boas e pernas de pau", é de fato pródiga em goleadas, por isso só vamos lembrar as de 8 × 0 para cima, sem esquecer as já citadas anteriormente:

- Atlético (MG) 11 × 0 Caiçara (PI), em 28/2/1991
- São Paulo (SP) 10 × 0 Botafogo (PB), em 28/3/2001
- Santos (SP) 10 × 0 Naviraiense (MS), em 10/3/2010
- Internacional (RS) 9 × 1 Ji-Paraná (RO), em 6/4/1993
- Palmeiras (SP) 8 × 0 Sergipe (SE), em 28/2/1996
- Bahia (BA) 8 × 0 Interporto (TO), em 15/3/2000
- Flamengo (RJ) 8 × 0 Kaburé (TO), em 26/4/1995
- Portuguesa (SP) 8 × 0 Kaburé (TO), em 4/3/1997
- Vasco (RJ) 8 × 0 Picos (PI), em 10/2/1998

O oitavo gol, o terceiro de André na partida, teve festinha! Robinho subiu nas costas do atacante e fez que dirigia um carro. Nessa velocidade de gols, uma Ferrari...

O nono gol dessa goleada gigante foi marcado pelo nanico Madson, que comemorou dançando um frevo. Madson também fez o décimo gol, de falta, e o goleiro Aldo, pela décima vez, buscou a bola no fundo da rede. Na comemoração, Madson mostrou uma tatuagem que tem no peito. Ainda bem que não mostrou a que tem no braço com a inscrição: "Madson – O foda". Daquele tamanho, Madson seria no máximo... melhor deixar pra lá. Final: Santos 10 × 0 Naviraiense.

Vocês acham que os Navi ficaram envergonhados e se mandaram para o planeta Pandora? Que nada! Naviraiense que é naviraiense não perde uma boa oportunidade de viajar de avião e conhecer o estado de São Paulo! E, além disso, conhecer a praia!

O atacante Cristiano, zero gol na partida, resolveu que, depois da lavada em campo, nada melhor que um belo banho de mar na aprazível praia de Santos. Foi o primeiro mergulho no mar na vida do atacante. Convenhamos que, para conhecer o mar, vale até levar de dez.

* * *

Estava estupefato com o grau de conhecimento do Flor. Realmente, ele não era flor que se cheirasse. As secretárias sempre reclamavam do cheiro do sovaco dele. E eu, inocente, tinha a impressão de que o Flor estava mais preocupado com a comissão de frente das secretárias do que com uma bola de futebol propriamente dita. Mas ele listava os resultados, os campeonatos, os times com uma precisão cirúrgica. Vários times citados no dossiê não haviam nunca enfrentado o meu querido Bangu. Era hora de ler as páginas sobre os campeonatos estaduais. Virei a página e...

CAMPEONATOS ESTADUAIS

O futebol brasileiro tem tantos times, mas tantos times, que eles precisam organizar campeonatos estaduais para dar algum trabalho a essa gente toda. São campeonatos cada vez mais pobres, sem público e com a mesma emoção de dançar com a irmã. Bem, a torcida costuma comparecer nas duas últimas rodadas para torcer por aqueles dois times de sempre. Os outros são os outros. A única vantagem dos campeonatos estaduais é que eles produzem times folclóricos, que nos fazem rir – e ajudam a enfraquecer o nível do futebol brasileiro. Fiz uma grande pesquisa sobre o assunto e detalho agora os piores momentos.

Santo Amaro (PE)
As vovozinhas

O Santo Amaro foi fundado em 1950 com um dos nomes mais bonitinhos da história: Associação Atlética Vovozinhas. Quando começou a disputar o Campeonato Pernambucano, as vovozinhas não tiveram espaço e o time precisou mudar de nome, por imposição do Lobo Mau, a Federação, passando a se chamar A. A. Santo Amaro. Em 1994, mudou o nome para A. A. Casa Caiada e, a partir de 1995, adotou o nome de Recife Futebol Clube.

O Santo Amaro participou 26 vezes do Campeonato Pernambucano, entre 1966 e 1993, sempre caindo pelas tabelas e ficando longe de qualquer título. Foram oito lanternas nesse período. O Santo Amaro costumeiramente era superado pelo Grão-Mestre Varonil, o Íbis, que sempre ficava na lanterna por mais vezes.

Em 1974, o Santo Amaro tinha, entre seus jogadores, comerciantes, pintores, operários, policiais e estudantes de educação física. O salário era mais miserável do que a vila onde mora o

Chaves. Além disso, o clube dispunha apenas de uma pequena quadra para treinar e não tinha como realizar coletivos. A revista *Placar*, defensora dos fracos e oprimidos, estava lá em 20 de setembro de 1974, e publicou um depoimento do treinador do time à época, Peu (nada a ver com o Peu que jogou no Flamengo anos depois), que ilustra a situação:

> Parece absurdo, mas nossos coletivos são os jogos com os grandes. Quando tenho de fazer uma experiência ou lançar um jogador novo, aproveito as partidas com Santa Cruz, Náutico e Sport. Contra esses nós já sabemos que não tem jeito, perdemos mesmo; então, como não realizamos treino de conjunto porque não temos onde, aproveitamos a ocasião para preparar o time para os jogos com os pequenos, lutando pela classificação.

Classificação? Sonho teu, né, Peu?

Com o nome de Recife, até que o Santo Amaro melhorou bastante, chegando ao terceiro lugar no Pernambucano de 1997 e vencendo a Copa Pernambuco de 2002.

Porém, o momento mais lembrado da história do Santo Amaro obviamente foi uma derrota. A incrível goleada de 14 × 0 para o Sport no Pernambucano de 1976, em 7 de abril daquele ano, com o recorde de dez gols do Dario, o Dadá Maravilha. Dadá gosta de contar que costumava fazer aquele exercício manual solitário do homem antes dos jogos. Nesse dia, seguramente, deve ter saído com calos na mão.

O Santo Amaro foi o lanterna do campeonato, porém amaldiçoou o Sport, que não foi o campeão – quem levantou a taça foi o Santa Cruz.

Ferroviário de Maceió (AL)
O atacante e o número 13

O Ferroviário Atlético Clube, de Maceió, já foi bicampeão estadual, levando o caneco nos anos de 1953 e 1954. Mas, de lá pra cá, o time fez campanhas que garantiram a participação neste dossiê. A ponto de, em 1987, ter sido chamado pela revista *Placar* de "pior time do Brasil". Em maio daquele ano, fazia dois anos e sete meses que não conseguiam uma vitória sequer. A última tinha sido em 14 de outubro de 1984, e o time vinha de uma sequência acachapante de 43 jogos sem vitórias, com 12 empates e 31 derrotas.

O atacante Jorge da Sorte, que tinha esse apelido por gostar do número 13 – ah, se o Zagallo sabe disso... –, chegou a ser aconselhado pela esposa, uma psicóloga, a sair do time, que ela bancaria o pequeno salário que ele recebia do próprio bolso. Mais humilhante do que essa sequência de resultados foi a proposta dessa sua digníssima esposa!

Em 1986, Botinha, craque do bicampeonato da equipe na década de 1950, chegou e disse que não ficaria até a quarta derrota. Resultado: durou 12 dias e três jogos (três derrotas). Botinha não bateu as botas, mas foi embora.

Os treinos da equipe eram realizados bem, mas bem cedo, na praia de Pajuçara, pois o time não tinha campo. E era bem cedo, porque os jogadores, obviamente, tinham outro emprego para se manter, aquele nos quais deviam ser bons...

Monte Cristo (GO)
Nem contra o Mutunópolis!

O Monte Cristo Esporte Clube, de Goiânia, é um dos piores times do Brasil nesta década. Nas mãos dos adversários, o Monte Cristo sofreu mais do que Jesus nas mãos de Pôncio Pilatos. Oficialmente, o time ficou oito anos e cinco meses sem uma vitória. Uma vida. Esse tabu temporal, nem o imbatível Íbis detém. Mas, no período, foram 30 jogos disputados, enquanto o Íbis já chegou a ficar 55 jogos seguidos sem vitória, porém num período de três anos e 11 meses.

No dia 21 de outubro de 2009, o tabu foi quebrado com a vitória por 3 × 2 sobre o Mutunópolis – isso mesmo, Mutunópolis –, em partida válida pela disputadíssima terceira divisão do Campeonato Goiano, a última divisão de futebol profissional do estado. Mesmo com essa vitória, o Monte Cristo seguiu firme na lanterna do campeonato. E, para voltar à rotina, a sequência de jogos do clube, após a brava vitória, foi a seguinte:

- 5 × 1 para o Atlético
- 2 × 1 para o Itaberaí
- 5 × 1 para o Cristalina
- 2 × 0 para o Aparecida
- 3 × 1 para o Cristalina e para o Atlético

Em 2 de dezembro, a esperança renascia. Afinal, haveria um novo confronto contra o Mutunópolis.

É... mas o Mutunópolis não era mais o mesmo. Manteve o nome bizarro, porém melhorou seu futebol e enfiou uma sacolada no Monte Cristo: 5 × 0 para o rival.

Para fechar o campeonato, o time conseguiu ser ainda pior: perdeu de 8 × 0 para o Rio Verde e de 3 × 2 para o Itaberaí. Resultado final: sétima e última colocação, com uma briosa vitória, um empate e dez derrotas, 12 gols marcados e 41 sofridos – campanha semelhante à do União Suzano, pior time da quarta divisão de São Paulo. O Monte Cristo E. C. é da capital Goiânia, mas o estádio em que mandava seus jogos foi demolido. Devido a esse fato, atua como mandante na cidade de Inhumas, a 35 quilômetros da capital do estado. Vai ver a culpa é de Inhumas...

Caxias (ES)
Tem até Michael Jordan...

O Caxias, de Vitória, Espírito Santo, foi o último colocado da segunda divisão do Campeonato Capixaba de 2009. O time reapareceu na disputa após 38 anos fora do futebol profissional. E sua participação, como não poderia deixar de ser, foi com 100% de aproveitamento: quatro derrotas em quatro jogos. O melhor momento (ou o menos pior) do clube no campeonato ocorreu na derrota de 3 × 2 para o Vitória, que foi o vencedor do torneio. O jogo chegou a ficar 2 × 1 para o Caxias, que acabou tomando a virada.

Mas o Caxias revelou um dos maiores nomes do esporte: Michael Jordan. Sim, o maior jogador de basquete do mundo... tinha um homônimo! O Michael Jordan do futebol não era dos piores; pelo contrário, era destaque do time e chegou a ser vendido ao Fluminense. Contudo, quando chegou ao clube carioca, Jordan... deu aro.

O Caxias é um clube social de militares e não tem patrocinadores – quem mantém a equipe são os sócios do clube, além de amigos e colaboradores. O campo do time não tem arquibancada e, por isso, o Caxias manda seus jogos no campo do Vitória. Ainda bem, assim ninguém é obrigado a assistir aos jogos desses pernas de pau.

Tocantins Esporte Clube (TO)
Caminhão surrado

O título de Pior Time do Mundo ou de Pior Time do Brasil é muito disputado e, claro, transitório. O dono mais frequente desse *slogan* é o Íbis, mas, de tempos em tempos, surge algum time que joga muito mal querendo de todo jeito tomar o lugar.

A revista *Placar* de fevereiro de 1998 encontrou, mais uma vez, o time brasileiro que tinha feito a pior campanha no ano anterior. Trata-se do Tocantins E. C., conhecido como TEC. O TEC, pior do que um teco-teco, foi o único time da primeira divisão do Brasil que teve o aproveitamento de 0%. Perdeu os sete jogos que fez e não marcou nem um golzinho. O TEC tinha o que todo pior time tem: estrutura precária, salários nanicos e, com certeza, nenhuma torcida. Entre os patrimônios do clube estavam 13 cheques sem fundo! E o veículo que transportava os jogadores era – para ser gentil – um "caminhão surrado".

Apesar de não receber quase nada, os bravos atletas viajavam quatrocentos quilômetros para jogar pelo TEC. "Que outro clube nos aceitaria? Craque ninguém é!", disse Ezequias, que atuava como meia na equipe. Ah, vá, Ezequias...

Em 29 de outubro de 1997, foi marcado um amistoso contra um time de índios, que não eram craques como jogadores de futebol, nem craques como índios, para ter uma ideia... O TEC queria um adversário que pudesse ser vencido, para, ao menos, honrar o ano. E, para garantir o resultado, levou seu Edilson Pereira de Carvalho particular. Mas o TEC se superou, conseguindo o inimaginável: uma derrota de goleada por 7 × 0! Quem sabe se o time tentasse uma revanche no arco e flecha...

Mais quatro times fizeram campanhas que os credenciaram como os piores times do Brasil em 1997, com um aproveitamento próximo do obtido pelo TEC:

- Tiradentes (PA), com 1 vitória e 15 derrotas
- Nacional (PR), com 2 vitórias, 6 empates e 9 derrotas
- Grêmio (RR), com 1 empate e 3 derrotas
- Andirá (AC), com 1 vitória e 9 derrotas

América, de Teófilo Otoni (MG)
Dois raios no mesmo lugar

O América de Teófilo Otoni, fundado em 1936, sempre foi uma equipe modesta, que inclusive conquistou vários títulos como time amador, desde a década de 1940 até parte dos anos 1990, intercalando essas conquistas com participações em torneios profissionais de divisões inferiores de Minas Gerais a partir de 1977.

Sim, existem diversos Américas no Brasil, a maioria deles bem ruim, e o de Teófilo Otoni não deixa por menos. Na primeira divisão do Campeonato Mineiro, o América fez sua estreia somente em 2010, e isso graças à desistência do Rio Branco de Andradas, que estava na primeira divisão e abandonou o futebol profissional. Com a abertura da vaga, a Federação Mineira promoveu o América de Teófilo Otoni, que foi o terceiro colocado do segundo módulo de 2009. Sua participação na campanha de estreia foi fraca, como de se esperar de um bom América, terminando em décimo lugar, apenas dois pontos acima dos dois times rebaixados, o Uberlândia e o Ituiutaba.

Em 2011, porém, o América surpreendeu a todos e terminou a fase de classificação em quarto lugar, cinco pontos à frente do Villa Nova, que foi o quinto. Esta campanha deu ao time o título de Campeão Mineiro do Interior (Uau! Que título significativo!), por ter sido o time do interior mineiro mais bem colocado. E, de quebra, levou a equipe às semifinais do Campeonato Mineiro, para enfrentar o Cruzeiro. Na fase de classificação, jogando em casa contra a equipe cruzeirense, o América estava conquistando um honroso empate até que tomou um gol contra no último minuto e perdeu por 2 × 1. O confronto tinha o Cruzeiro como favorito, mas era esperado certo equilíbrio.

Porém esse equilíbrio esteve longe de ocorrer. Nem um torcedor muito otimista do Cruzeiro poderia esperar o que estava por vir. Resgatando toda sua perebice tradicional, o time de Teófilo Otoni, jogando em casa, tomou uma goleada histórica de 8 × 1, com direito a seis gols cruzeirense só no segundo tempo. O confronto estava definido, e o América de Teófilo Otoni, que tinha sofrido 18 gols nos 11 primeiros jogos, tinha acabado de tomar oito em um só. O jogo de volta, em Sete Lagoas, seria mera formalidade.

Mas o Cruzeiro manteve o ritmo na segunda partida, e aplicou mais uma goleada, dessa vez por 5 × 1. A bela campanha do América na fase de classificação tinha sido manchada, ou melhor, o time trouxe de volta suas glórias! O placar agregado, com a soma dos dois resultados, foi histórico, com a óbvia e absoluta superioridade do Cruzeiro no confronto: 13 × 2.

União Suzano (SP)
Devo, não nego; pago quando puder...

O estado de São Paulo é uma máquina de fabricar títulos nacionais. Corinthians, Palmeiras, Santos e São Paulo já ganharam o Brasileiro diversas vezes. E não só os grandes levantaram canecos no Brasil; Santo André e Paulista de Jundiaí foram campeões da Copa do Brasil em cima de Flamengo e Fluminense, respectivamente.

Mas e o pior de São Paulo? O pior time profissional, ou, pelo menos, o time que está brigando muito por esse título, é o União Suzano Atlético Clube (não confundir com o ECUS – E. C. União Suzano, que é outro time, muito melhor, claro). O União Suzano foi o último colocado na equivalente à quarta divisão do Campeonato Paulista de 2009 (ao menos, não tinha como ser rebaixado). Ao final da campanha, uma vitória, um empate e dez derrotas, sendo o lanterna dos lanternas de um campeonato que contou com 45 times. O União Suzano marcou quatro gols e sofreu 39, saldo negativo de 35.

Até aí, nada de especial para um time tão ruim. O incrível mesmo foi a pontuação final da equipe: dois pontos... negativos! É que o time conseguiu a façanha de escalar um jogador de 15 anos, o que era proibido pelo regulamento, e perdeu seis pontos no tapetão. Com os quatro pontinhos positivos que tinha não deu para pagar a conta e *la* U de Suzano ficou devendo dois na conta do Paulistão da quarta divisão.

Os números do clube impressionam: o saldo mais alto da história do clube foi de 465 reais e a média de público do Javali – sim, esse é o apelido do time – foi de cinquenta pessoas por jogo. Talvez, se adotassem o preá ou o porquinho-da-índia como mascote, essa média de público dobraria para cem. Mas em breve o União Suzano vai decolar, pois, muito provavelmente, o grande problema do time foram os goleiros – em 12 jogos no campeonato, oito goleiros ocuparam a meta do Javali. Isso mesmo: todos tiveram chance de atuar. E, assim que o União encontrar um arqueiro que tenha os dois braços, tudo vai mudar.

Em 2010, o clube manteve o ritmo. Em 14 jogos, foram três empates e 11 derrotas, 11 gols marcados e 43 sofridos, e, de novo, a lanterna das lanternas do campeonato, que dessa vez teve 46 participantes. Mas no total de pontos o União se superou novamente: quatro pontos negativos, pois o União Suzano conseguiu perder pontos em duas partidas, deixando o saldo ainda mais devedor do que em 2009.

Jabaquara (SP)
Que "Jabaquarada"!

Um dos fundadores da Federação Paulista de Futebol, o Jabaquara, famoso "Jabuca", um dia já se chamou Hespanha, com H mesmo, e por isso ostenta o vermelho e o amarelo em seu uniforme. Quando usava o nome do país europeu, seu futebol era mais nobre, clássico, e o time chegou a fazer frente aos grandes de São Paulo. Após a Segunda Guerra Mundial, quando foi obrigado a mudar de nome, o agora Jabaquara – que chegou a ser a asa-negra do Santos – foi descendo ladeira abaixo; aliás, é lá em que ele está atualmente, no fim da ladeira, na série B, quarta e última divisão do futebol paulista.

Nos trinta campeonatos paulistas que disputou, entre 1927 e 1963, conquistou a lanterna em nove deles, até que, em 1963, despediu-se de vez da primeira divisão.

Em 8 de julho de 1945, em partida válida pelo Campeonato Paulista, o Jabuca tomaria uma das maiores goleadas já vistas na capital paulista. Após o brilhante resultado do primeiro turno, quando perdeu para o São Paulo por 6 × 2, o time guardou o que havia de pior em matéria futebolística para o segundo turno, quando, contra o mesmo São Paulo, dividiu sua quantidade de gols pela metade e dobrou a do adversário. Resultado desse cálculo matemático: 12 × 1.

O placar registrava 10 × 0 quando o Jabuca fez o gol mais lindo e solitário da partida, de pênalti – um dos pênaltis mais bem executados da história do futebol. Mas, com quatro gols de Leônidas da Silva, quatro de Remo e três de Teixeirinha, o Tricolor decretou a maior goleada da história do Pacaembu, fundado em 1940. O detalhe é que o Tricolor fez como nas peladas de solteiros contra casados em churrascos: um autêntico e literal "seis vira, 12 acaba", pois o Tricolor marcou seis gols em cada tempo.

E essa era a época áurea do Jabuca, pois, curiosamente, mesmo após as duas goleadas para o São Paulo, o Jabaquara acabou o campeonato em quinto lugar dentre 11 participantes, ficando à frente inclusive do Santos, que terminou em sexto. Chora, Peixe...

E o time não era bom somente em fazer palhaçada dentro de campo; fora também era craque. Após ser o último colocado do Paulista de 1951, o que obviamente o rebaixaria, o Jabaquara entrou na justiça com um protesto, com a intenção de participar da elite do Paulista de 1952, alegando que a Lei do Acesso não tinha sido devidamente registrada. Se hoje já é cheio de maracutaia, imagine só na década de 1950. Isso provocou muitas discussões e o adiamento do início do Paulista de 1952, num episódio que ficou conhecido como "Jabaquarada". Ao final do imbróglio, o Jabaquara conseguiu se segurar na primeira divisão em 1952, mas foi só mais um aninho, pois o time manteve a pegada do ano anterior e caiu novamente.

Até hoje, a palavra "Jabaquarada" é utilizada quando um clube tenta fazer uma malandragem e contrariar os estatutos da Federação Paulista.

Durante a confusão, a indignação contra o clube era geral, pois a briga jurídica impediu o início do campeonato e, para ironizar, o jornal *A Gazeta Esportiva* publicava um versinho por dia ligado ao episódio. Um deles era assim:

> Sai o tiro do canhão
> e da guerra sai a paz
> mas dessa "Jabaquarada"
> só tu, ó campeonato,
> infelizmente não sais.

E no dia seguinte vinha outro versinho, com as duas primeiras frases diferentes e o final igual. Se essa marchinha fosse atualizada pelas torcidas de hoje, estaria tão recheada de palavrões que seria censurada até nos livrinhos de piada do Ary Toledo.

Porém, é o que sempre digo: tudo tem um lado bom. Depois da decadência e de tanta decepção, o Jabuca conquistou uma taça: o de campeão estadual da sexta divisão em 2002!

Comercial da Capital (SP)
Um Comercial malpassado

Quando se fala em Comercial, várias coisas vêm à cabeça, como uma inserção publicitária, ou um belo PF na padoca da esquina, mas Comercial também é nome de time... que apanha nos campos de futebol. E olha que nem estamos falando do Comercial de Ribeirão Preto, que fazia, outrora, os famosos clássicos Come-Fogo com o rival Botafogo, da mesma cidade. Mas já existiu outro Comercial, da capital, pior do que qualquer Comercial pode ser; pior até que anúncio do guaraná Dolly, pior que rango no botecão da esquina. Esse foi o Comercial de São Paulo, fundado em 1939.

Desde 1939, o Comercial disputou o Campeonato Paulista por 16 vezes nos 20 anos seguintes. Além de ser cliente costumeiro dos times grandes, sofrendo muitas goleadas, foi o lanterna do Paulistão por três vezes, sendo a última em 1959, quando caiu para não voltar mais.

Sua mascote, instituída em 1949, era o macaquinho Super Biriba, criado na onda do Biriba, cachorro utilizado pelo Botafogo do Rio como um talismã na época. Como o Super Biriba estava mais para Superpereba, o Comercial continuou não ganhando nada.

E então, para mudar de vez a situação, o que fez o clube? Parou de utilizar a mascote, que ficou esquecida, como o próprio time, algum tempo depois.

Vamos listar as sacoladas sofridas pelo Comercial no Paulista – só estou contando as maiores dos primeiros anos do clube:

- Corinthians (7 × 0 em 1940, 6 × 0 em 1941)
- Palmeiras (6 × 0 duas vezes em 1942)
- Santos (10 × 2 em 1942)

Dá uma olhada no retrospecto do Comercial da capital contra os grandes:

- Com o Corinthians foram 29 derrotas e apenas 2 vitórias
- Já com o Palmeiras, 30 derrotas e 1 vitória

O Comercial pode nunca ter conquistado um título sequer, mas pelo menos já saiu na foto. O Palmeiras foi o campeão paulista de 1947 com uma vitória de 2 × 1 sobre o Santos, na penúltima rodada. Na última rodada, o adversário foi o Comercial, que, honrando sua tradição, perdeu mais uma: 2 × 0. Mas, mesmo assim, o time saiu bem na foto, ou melhor, na fita, pois parte desse jogo foi gravada em vídeo, o que era raro à época, e ainda há algumas poucas imagens disponíveis dessa partida que ocorreu em 3 de janeiro de 1948 – prova rara da falta de categoria do extinto clube.

As maiores goleadas do Campeonato Paulista

Os times da A. A. das Palmeiras – que não tem nada a ver com o Palmeiras, e, por sinal, tinha as cores branca e preta – e Internacional da capital paulista foram responsáveis por duas das goleadas mais incríveis da história do Campeonato Paulista. Infelizmente, nenhum dos times existe mais para alegrar as tardes de domingo das torcidas de São Paulo, mas vamos a seus piores momentos.

No Paulistão de 1920, a A. A. das Palmeiras perdeu de 12 × 0 para o Paulistano, com direito a cinco gols do grande Arthur Friedenreich, um dos primeiros grandes craques do futebol brasileiro. Já o Internacional mostrou que não era digno nem de time de bairro e perdeu de 11 × 0 para o Palestra Itália, que, 22 anos depois, em 1942, honraria o nome Palmeiras.

Mangueira (RJ)
Em ritmo decadente de Carnaval

O Sport Club Mangueira – nada a ver com a Estação Primeira de Mangueira, multicampeã do Carnaval carioca –, fundado em 1906, era um time de futebol composto basicamente por trabalhadores de uma fábrica de chapéus de mesmo nome. O único fato que ligava as duas Mangueiras – sem gracinhas de duplo sentido, por favor – era a mesma região, embora em períodos diferentes. Com um uniforme mais sóbrio do que o verde e rosa, o Mangueira usava as cores do Flamengo: vermelho e preto. Aliás, o primeiro jogo da história do Flamengo foi contra o Mangueira e, aí, esse time passou a fazer história. Quando entrou em campo, o Mangueira tinha certeza de que marcaria a vida do Flamengo para sempre, e marcou. Com uma goleada. E não foi qualquer goleada; foram impiedosos 16 × 2 – a maior goleada da história do Flamengo. Goleada a favor do Mengão, é claro. Ou você acha que o time dos chapeleiros ganhou do futuro hexacampeão brasileiro?

O 16 × 2, até hoje, é a maior goleada do Flamengo entre todos os seus jogos. Essa partida foi realizada em 3 de maio de 1912, e válida pelo Campeonato Carioca daquele ano. O Mangueira, antes da escola de samba, começava a deixar os foliões das outras torcidas em estado de pura alegria.

Cerca de quatro meses depois, em 8 de setembro de 1912, o Mangueira voltou a enfrentar o Flamengo, manteve a (de)cadência e não deixou por menos: repetiu a diferença de gols, 14. Dessa vez, o ataque descansou, a defesa se fechou e o time rebolou, tomando 14 × 0.

Mas, antes mesmo de o Flamengo existir para o futebol, o Mangueira já tinha sacramentado seu nome como o time que levou a maior goleada da história do futebol brasileiro em uma partida oficial. O jogo contra o Botafogo em 30 de maio de 1909 terminou com um placar digno de nota dez em fantasia: 24 × 0, em jogo válido pelo Carioca daquele ano. E a equipe nem perdeu para o melhor, pois o campeão não foi o Fogão, e sim o Fluminense.

O Mangueira disputou oito campeonatos cariocas entre 1909 e 1924, e foi o último colocado em quatro deles: 1909, 1912, 1918 e 1920. Nos 118 jogos oficiais que disputou nesse período, perdeu 96.

Mesmo extinto em 1927, as derrotas de 24 × 0 para o Botafogo e de 16 × 2 para o Flamengo são as duas maiores goleadas da história do Campeonato Carioca, o que gravou eternamente o Mangueira nos anais e no coração do futebol fluminense. Mas o Rio de Janeiro não ficou sozinho; no ano seguinte, uma nova Mangueira nasceu para alegrar a cidade: a Estação Primeira.

Canto do Rio (RJ)
Um hino sem grandes feitos

Um nome tão bonito não poderia resultar numa equipe de futebol boa de bola. O Canto do Rio disputou o Campeonato Carioca entre 1941 e 1964, e, em todas as participações no campeonato, a equipe mostrou consistência, terminando o Carioca na metade de baixo da tabela. O mais perto do purgatório em que o Canto chegou foi em 1944 – um sexto lugar entre dez participantes. Mas sempre sem grande destaque. Em compensação, o time honrou suas linhas neste livro com um hexa: seis lanternas na breve história no Cariocão. O time ainda teve a audácia, a pachorra, de vencer o Torneio Início do Campeonato Carioca em 1953, mas logo em seguida se recuperou, mostrou sua tradição e honra, e conquistou a última posição do campeonato.

Em 6 de setembro de 1947, o Canto do Rio mostrou seu desejo de se tornar maior do que o velho Mangueira (novamente sem trocadilhos, por favor), e conseguiu tomar a quinta maior goleada da história do Campeonato Carioca: 14 × 1 para o Vasco, com cinco gols de Israel e quatro de Maneca. Antes quatro de Maneca do que quatro de Boneca...

Em 1964, após uma briga generalizada num jogo contra o Fluminense, o Canto do Rio foi escanteado, rebaixado e nunca mais voltou à primeira divisão carioca.

O hino do Canto do Rio foi composto pelo lendário Lamartine Babo, que também compôs mais de dez hinos fantásticos de clubes do Rio, entre eles Flamengo, Fluminense, Botafogo, Vasco, América e Bangu.

O interessante na letra do hino do Canto é que em nenhum momento mencionam-se títulos, vitórias ou conquistas. Lamartine, além de grande letrista, devia ser vidente. Parecia saber que o Canto do Rio só estava ali para encantar as torcidas rivais. O compositor cita até a possibilidade de empatar numa peleja, o contentamento de simplesmente torcer pelo time, ganhando ou não. Olha só que belo hino...

Aquela morena
Do Canto do Rio
Que torce e faz cena
E causa arrepio
Queimada da praia
Na hora do jogo
Ela desmaia e pega fogo (oi!)
Aquela morena
Do Canto do Rio
Que torce e se agita
Garota bonita
Basta o clube empatar
Ela chora que dói
Foge de Niterói
No estádio formoso
De Caio Martins
Há dias de gozo
Foguetes, clarins
De noite e de dia
A turma sorri
Enche de alegria
Icarahy (oi!)

OUTROS ARRASOS NO CAMPEONATO CARIOCA

Para nós, jovens, Haddock Lobo sempre foi nome de rua, mas, além de ter sido médico, político brasileiro, e aí sim, depois de morrer, ter virado nome de rua, Haddock Lobo também foi um péssimo time de futebol.

Disputou os Cariocas de 1909 e 1910, mas, em apenas dois campeonatos, foi capaz de tomar brilhantes goleadas: dois chocolates para o Fogão: 13 × 0 (1909) e 11 × 0 (1910), além de um 10 × 0 para o Fluminense, em 1909, e de um 10 × 1 para o América, quando o Mequinha ainda era grande, em 1910. O Haddock foi tão impiedoso que conseguiu ter uma defesa mais vazada que a do Mangueira, que tomou aqueles 24 × 0 do Botafogo. Naquele ano de 1909, o escrete sofreu 53 gols em dez jogos, contra 45 gols sofridos pelo Mangueira.

Mas não tem só time ruim com nome de rua. Teve também time ruim com nome de loja! O Riachuelo mostrou que futebol não era seu departamento e, nos Cariocas de 1908 e 1910, em que competiu com os horrorosos Mangueira e Haddock Lobo, o Riachuelo mostrou que era bom no quesito levar gols. Os piores, quer dizer, melhores momentos desse time ocorreram na derrota por 15 × 1 para o Botafogo, em 1910, e na de 11 × 0 para o Fluminense, em 1908.

Para finalizar as perebices cariocas, falemos do São Cristóvão. Esse clube, que revelou o maior artilheiro de todas as Copas, o fenômeno Ronaldo Nazário, também é responsável por outro grande momento do futebol nacional. No dia 27 de outubro de 1956, o São Cristóvão tomou, do Flamengo, pelo Campeonato Carioca, a maior goleada da história do Maracanã, fundado em 1950: 12 × 2, com direito a cinco gols de Evaristo e quatro gols de Índio.

* * *

A cada linha escrita estava mais claro o objetivo do dossiê: desmoralizar o futebol brasileiro. Não entendia o porquê daquela devastação causada pelo senhor Flor Paz. Acredito que quisesse mesmo era guerra contra o Brasil. Imagino que seus pais lhe contaram o quanto o Brasil trucidava o México nas mais diversas competições. Fiquei me remoendo e pensando: "O que adianta só pesquisar times pequenos, sem expressão? Isso é como bater em bêbado. Só porque isso não falta no México?". Mas não... Até nisso o mexicano pensou. Deixou também um capítulo reservado para os piores momentos de nossos grandes clubes. Isso, isso, isso!

QUANDO OS GRANDES ESTIVERAM ENTRE OS PIORES

Se o pequeno Davi conseguiu derrotar o gigante Golias na famosa história bíblica, não é difícil acreditar que o mesmo aconteceu com os grandes quando o assunto é futebol. Cada um em seu tempo, em sua década ou em um campeonato específico, os gigantes brasileiros já tiveram sua época de dor e sofrimento no esporte bretão. Eis aqui alguns breves momentos, mas dignos – ou indignos – de registro.

Corinthians (SP)
O Faz-me Rir

No Campeonato Paulista de 1961, devido aos péssimos resultados, o time do Corinthians ficou conhecido como *Faz-me Rir*, nome de uma música cantada por Edith Veiga que era o *hit* do momento. Trata-se de uma versão de Teixeira Filho para uma canção de Yoni e Arias. Sorte do Timão que esta má fase aconteceu nos anos 1960, pois se o time atravessar uma draga similar agora, tem chance de ser comparado a canções de bandas como Restart, Parangolé e outras desgraças da música nacional.

Campeonato Paulista de 1961. O último título do Corinthians havia sido o histórico Paulista de 1954, o título do Quarto Centenário da cidade de São Paulo (mal sabia a torcida que esse jejum ainda ia longe, até 1977). Seus rivais, Santos e Palmeiras, tinham grandes equipes e estavam ganhando tudo que era taça.

Começa o Paulistão. Nos 11 primeiros jogos, o Corinthians fez uma campanha digna de lanterninha: venceu dois, empatou dois e amargou sete derrotas.

A coisa estava feia, mais feia do que a Dercy Gonçalves sem dentadura. Até o grande ídolo da época, o goleiro campeão do mundo de 1958, Gilmar dos Santos Neves, brigou com o presidente do clube e fez a última partida pelo Timão, após dez anos, numa derrota de 5 × 1 para o Santos; para desgraça ainda maior do Timão, este veria o seu ex-goleiro se transferir justamente para o Peixe.

Os rivais do Corinthians salivavam, e suas línguas ferinas não perderiam a chance de tirar um sarro do time que os paulistas mais adoram odiar.

Curiosamente, o Corinthians, após essa triste série, melhorou e fez um segundo turno bem mais honesto, terminando o campeonato num modesto e discreto (nem tão vexatório) sexto lugar. Porém, ainda haveria tempo para mais um momento tenebroso.

Em 15 de novembro de 1961, em pleno Pacaembu, o Corinthians perdeu por 7 × 0 para a Portuguesa, a segunda maior derrota de sua história. Felizmente (para os corintianos, claro, e infelizmente para os lusitanos), esse jogo é pouco lembrado, e pode-se dizer que foi o último momento de gargalhadas com o Faz-me Rir alvinegro.

Sem dúvida, essa não foi a pior equipe da história do Corinthians, mas ficou muito marcada pelo infame apelido. Edith Veiga ainda faz shows e essa música é, com certeza, uma das mais solicitadas de seu repertório, principalmente por torcedores do São Paulo, Palmeiras, Santos e – por que não? – Portuguesa. A música foi muito lembrada quando o time caiu para a segunda divisão do Brasileiro, em 2007.

Corinthians (SP)
O Faz-me Rir mais ainda

O Tolima é um time colombiano mediano – mediano para ser simpático, muito simpático –, que foi fundado em 1954 e tem como maior glória o título Nacional de 2003 (Uau!). Até 2010, tinha participado da Copa Libertadores da América por apenas quatro vezes, sendo que somente em 1982 fez uma campanha com certo destaque. Em 2011, o time conquistou o direito de jogar a Pré-Libertadores contra o Corinthians.

No início da década de 1990, o Tolima tinha chegado a deixar o futebol profissional da Colômbia por um curto período devido aos maus resultados, retornando ao profissionalismo em 1995. E, com esse retrospecto arrasador, ninguém esperava que o Corinthians, com o atacante que mais fez gols em Copas, Ronaldo, um dos maiores jogadores da história, teria grande dificuldade em eliminar o time colombiano e passar para a fase de grupos da competição.

Pois quem assistiu aos jogos entre Corinthians e Tolima viu, além do uniforme horroroso dos colombianos, que o time paulista não teria a facilidade esperada. No primeiro jogo, no estádio do Pacaembu, em São Paulo, um empate bizarro por 0 × 0. Mas todos esperavam que, na Colômbia, finalmente a lógica prevaleceria na partida que se realizou no dia 2 de fevereiro.

E o pior (para os corintianos) é que a "lógica" prevaleceu. Porque, quem diria, o Tolima jogou melhor que o Corinthians e, quando a esperança alvinegra parecia mirar os penais, eis que o time colombiano abre o placar. Isso matou o já traumatizado time paulista, e não muito tempo depois o jogador peruano do Corinthians Luís "Cachito" Ramírez foi expulso, e o Tolima marcou o segundo, decretando o placar de 2 × 0. Ainda não se sabe como o jogador peruano continua vivo e jogando futebol. Uma vitória heroica para o Tolima, que conseguiu eliminar pela primeira vez na história um time brasileiro. E derrota muito doída para o Corinthians, que saiu da Libertadores sem ter marcado um golzinho sequer e sendo eliminado da competição antes mesmo de jogá-la. Um dos efeitos dessa eliminação foi o anúncio, 12 dias depois, da aposentadoria de Ronaldo como jogador de futebol. Ninguém sabia, mas esse jogo na cidade colombiana de Ibagué seria o último por uma competição oficial do Ronaldo Fenômeno.

E o Tolima na Libertadores depois desse feito? Embalou? Na verdade, não. Com todo o respeito, voltou a ser o mediano Tolima, e não protagonizou mais nenhum momento grandioso. Conseguiu apenas empatar em casa com Estudiantes e Cruzeiro, e, ao perder fora de casa para esses times, acabou em terceiro lugar no grupo e foi eliminado. Voltou a ser o Tolima que a maioria esperava ver.

PALMEIRAS (SP)
A asa-negra do Palestra

Uma expressão deveras pejorativa à cor negra, a asa-negra, denomina os times que são uma pedra no sapato, aquela agremiação que sempre complica a vida de seu clube do coração. Se a gente falar de asa-branca, lembramos do clássico de Luiz Gonzaga, mas, se falarmos em asa-negra, é capaz de lembrarmos uma tragédia de nosso time contra aquele maldito rival.

Quando o torcedor palmeirense pensa em asa-negra, pensa logo no ASA. Não é redundância nem gagueira, é ASA mesmo – Agremiação Sportiva Arapiraquense, de Arapiraca, Alagoas. O ASA nunca teve a pretensão de ser a asa-negra de ninguém, mas na Copa do Brasil de 2002 deixou sua marca na competição e na história do Palmeiras.

O time de nome raro e contos folclóricos muito engraçados já foi – aliás, ainda é – sinônimo de time ruim. O saudoso João Saldanha, jornalista e ex-técnico da Seleção Brasileira, quando queria falar de times fracos, muitas vezes se referiu a "esses arapiracas da vida".

Em 1985, Francis Hime e Chico Buarque compuseram uma música chamada *E se*, que, em um dos versos, dizia, como se fosse algo muito improvável: "E se o Arapiraca for campeão...". Ah, Chico, tudo o que você escreve e canta é tão belo que até o impossível se realizou. Demorou um bocado, mas aconteceu. O ASA, na verdade, já havia vencido um campeonato, o Alagoano de 1953, porém a conquista só foi reconhecida oficialmente em 1998.

Nos últimos anos, o ASA desembestou a ganhar títulos, vários estaduais, mas sua grande glória se passou em 2002 no confronto com o Palmeiras pela primeira fase da Copa do Brasil. Em fevereiro daquele ano, a expectativa era de goleada. Do Palmeiras, claro. Mas o ASA começou a escurecer a vida do Verdão no jogo de ida em Alagoas. Jogando em casa, a Máquina Arapiraquense esqueceu a tradição do adversário e venceu o Palestra por 1 × 0, em Arapiraca.

No jogo de volta, em pleno Parque Antarctica, todos – até mesmo alguns torcedores do ASA – esperavam uma vitória esmagadora do Palmeiras, para apagar o vexame da semana anterior. É, mas como dizem os repetitivos jogadores de futebol: "jogo se decide dentro de campo", "lá dentro são 11 contra 11", "vamos respeitar o adversário" e... Pois bem, o Palmeiras ganhou, mas não levou. A vitória por 2 × 1 não foi suficiente, e o Verdão foi eliminado na primeira fase pelo critério do gol marcado fora de casa.

Para quem pensa que o ASA passou sufoco, engana-se. O santo da casa, o grande goleiro Marcos, teve de salvar um gol do ASA com uma defesa fantástica à queima-roupa quando o jogo estava 1 × 1. E, como é de praxe, quando um gigante está sendo eliminado por um nanico em uma disputa nacional, o jogo teve cinco minutos de acréscimo. Nem assim o Palestra conseguiu fazer mais um. Essa eliminação levou à pior colocação do Palmeiras em um campeonato até hoje, com o 33º lugar.

Após passar pelo Palmeiras, era hora de o ASA embalar na competição e buscar resultados mais ambiciosos, não é? Que nada! O time foi eliminado na fase seguinte, pelo galático Confiança, de Sergipe – venceu por 2 × 1 o jogo de ida e perdeu por 4 × 0 de volta, dando adeus à Copa do Brasil de 2002, o campeonato mais marcante da sua história.

Outra história fantástica do clube alagoano foi contada no livro *Da lateral*, de Antonio Calumby Correia. A rádio Novo Nordeste cobria o jogo ASA × CSE, pelo Campeonato Alagoano, com o narrador Nelson Filho e o comentarista João Laranjeiras, sendo que ambos eram, digamos assim, simpatizantes do ASA. O CSE abriu o placar, mas o ASA empatou, num jogo emocionante. Quando o ASA fez o gol da virada, enquanto o narrador tomava ar para gritar "gol" com mais ímpeto – aquele que era o grito "mais forte e demorado do futebol nordestino" –, o comentarista não aguentou e, num gesto-relâmpago, puxando o microfone do narrador, gritou com gosto: "GOOOL do ASA!!!". Foi uma das raras ocasiões – se é que houve outra – em que o comentarista fez as vezes do narrador...

Santos (SP)
A difícil década

Depois de conquistar o título paulista pela primeira vez em 1935, esperava-se que o Santos se firmasse como uma das maiores forças de São Paulo, mas não foi o que aconteceu, pelo menos não na década de 1940, que foi particularmente difícil para o clube e os jovens torcedores santistas. O Peixe sempre brigava por posições intermediárias e, ao se olhar a tabela, demorava-se um pouquinho para achar o Santos, em particular se você começasse de cima para baixo. O Santos só se tornou um clube gigante mesmo a partir da década de 1950, quando surgiu um menino apelidado Gasolina, que depois seria conhecido como Pelé...

Para você sentir o drama que era torcer para o Peixe naquela época, dê uma olhada no número de sacoladas sofridas pelo time. O Peixe foi goleado cinco vezes – isso mesmo, cinco vezes – pelo Tricolor:

- 6 × 1 (1940)
- 5 × 1 (1942)
- 6 × 1 (1943)
- 9 × 1 (1944) – a maior goleada da história do clássico
- 6 × 1 (1947)

A desagradável média de uma goleada sofrida a cada dois anos. Já do Corinthians, o time apanhou de:

- 7 × 0 em 1941
- 6 × 2 em 1942
- 7 × 2 em 1943

E, de brinde, levou do Palmeiras, ainda como Palestra, 5 × 0 em 1940 e 5 × 2 em 1942. Mas, quando chegou o Pelé...

PORTUGUESA (SP)
Não contaram para ela...

A Portuguesa é o segundo time de coração de meu pai, seu Saburo. Em uma breve estadia em São Paulo, meu pai foi algumas vezes ao Canindé, pois, como morava no bairro do Pari, costumava comer a galinhada do Bahia, restaurante simples em frente ao estádio, e assistir aos jogos da Lusinha. Já não bastasse eu ser Bangu no Rio de Janeiro, virei Portuguesa em São Paulo.

Como japonês, meu pai ouvia os portugueses dizerem que os brasileiros gostam de tirar sarro deles; que falam que lusitano é ingênuo, vacilão e mané. Mané até pode ser, Joaquim. Mas, de bobo, português não tem nada.

A Portuguesa de Desportos tinha uma equipe muito forte na primeira metade da década de 1970. Mas, na final do Campeonato Paulista de 1973, teve que enfrentar o Santos do Rei Pelé, e aí o buraco é mais embaixo. A Lusa segurou a onda no tempo normal e na prorrogação, 0 × 0, o que levou a decisão à disputa por pênaltis.

Na primeira série, os dois times perderam seus penais. Na segunda rodada, o Santos marcou e a Portuguesa perdeu novamente. Na terceira, o Santos marcou e a Portuguesa, de novo, perdeu. A disputa estava 2 × 0 para o Santos. Certo? Nada muito difícil de contar, não é? Nada disso. Nessa hora, muitos começaram a comemorar o título do Santos, e o árbitro Armando Marques teve a proeza de errar a simples conta, encerrando a disputa.

Na verdade, ainda havia uma pequena possibilidade de a Portuguesa empatar o jogo, caso marcasse os dois pênaltis que faltavam e o Santos perdesse os dois que tinha para bater. O que era deveras improvável, pois adivinha quem ainda bateria um dos penais do Peixe? Pelé. Portanto, a situação da Portuguesa era pra lá de desesperadora. De qualquer forma, as cobranças ainda teriam que continuar.

O técnico Oto Glória, da Portuguesa, percebeu rapidamente o equívoco e, como um garoto maroto travesso, sabendo que a chance da Portuguesa naquele momento era muito pequena, ordenou que os jogadores corressem o mais rápido possível para o ônibus e deixassem o Morumbi imediatamente, assim não teriam que bater os pênaltis e, claro, perder o título.

Quando Armando Marques percebeu o problema e foi atrás da Portuguesa, era tarde demais. Já estavam todos na Kombi, rumo à padaria mais próxima. Não havia um fio de bigode sequer no vestiário. Diante do impasse, a Federação Paulista fez o mais simples e absurdo: dividiu o título, declarando Santos e Portuguesa como os campeões paulistas de 1973. Só assim para a Lusa ser campeã...

Duas disputas por pênaltis esquecíveis no futebol brasileiro

A Copa União de 1988, o Campeonato Brasileiro daquele ano, teve uma peculiaridade: os jogos empatados na primeira fase iam para os pênaltis e, com isso, foram realizadas 96 disputas por pênaltis no torneio. A pior delas, pelo menos em número de gols marcados, foi após o empate de 2 × 2 entre Vitória e São Paulo, no estádio da Fonte Nova, em Salvador, em 20 de novembro de 1988. Para baianos e paulistas foi mais fácil fazer gol com a bola rolando do que com ela na marca da cal. O jogo ficou no 2 × 2; já a disputa de pênaltis terminou com incríveis 2 × 1 para o Tricolor.

E, seguindo a onda, o Campeonato Paulista do ano seguinte adotou a disputa por pênaltis nas duas primeiras fases, mas apenas para os jogos que terminavam em 0 × 0; e o São Paulo seria novamente o protagonista (às avessas) dessa disputa. O time acabou ganhando o Paulista de 1989, mas se envolveu na pior disputa por pênaltis do torneio. Após o 0 × 0 no jogo, o Tricolor não conseguiu fazer nem um golzinho de pênalti! Perdeu pra Inter de Limeira por 3 × 0 em 2 de abril.

Em 1975, a história parecia se repetir. São Paulo e Portuguesa decidiam o Paulistão e, no primeiro jogo, o Tricolor venceu por 1 × 0. No segundo, a Lusa ganhou pelo mesmo placar, e lá vamos nós para mais uma disputa de penais. O time lusitano parecia inspirado pelos campeões de 1973 e, em homenagem àqueles guerreiros fujões, erraram os três primeiros pênaltis. Já o Tricolor fez três. O detalhe é que dessa feita ninguém errou a conta, a Lusa dançou (o vira... e chora!) e o São Paulo levantou a taça.

Mazembe
A Zebra Africana

O Tout Puissant Mazembe (Todo-Poderoso Mazembe) é um time da República Democrática do Congo que foi fundado por monges beneditinos em 1939. A equipe só começou a ter destaque em seu país e em seu continente a partir década de 1960, quando venceu a Liga dos Campeões da África em 1967 e 1968. Esses dois, e a Recopa Africana de 1980, foram os títulos internacionais do Mazembe até 2008. Em 2009 e 2010, o Mazembe venceu a Liga dos Campeões da África novamente e conquistou o direito de disputar o Mundial de Clubes da Fifa. Mas ninguém (acredito que nem o mais fanático torcedor do Mazembe) acreditava que o time iria ter algum destaque nesse torneio.

No Mundial de Clubes de 2009, o Mazembe confirmou as expectativas e não teve destaque algum. Nas quartas de final, perdeu por 2 × 1 para o Pohang Steelers, da Coreia do Sul, e deu adeus ao torneio. Restou a disputa do quinto lugar com o Auckland City, da Nova Zelândia, como consolação. Para completar, uma derrota por 3 × 2 deixou o time em sexto lugar num torneio com sete equipes participantes. O time Campeão Mundial de 2009 foi o Barcelona, de Messi.

Em dezembro de 2010, todos esperavam que o Mazembe repetisse os maus resultados de 2009 no Mundial de Clubes, mas isso não aconteceu. Nas quartas de final, a equipe venceu o Pachuca, do México, por 1 × 0, gol de Mbenza Bedi, o que classificou o Mazembe para enfrentar o Internacional de Porto Alegre na semifinal do campeonato. Uma grande surpresa. Mas o Internacional, campeão da Libertadores da América de 2010, iria espantar a Zebra Africana e tudo voltaria ao normal.

No primeiro tempo do jogo, um 0 × 0 que só aumentou a expectativa da vitória colorada no segundo. Pois, aos oito minutos do segundo tempo, o impensável aconteceu – gol do Mazembe, marcado por Mulota Kabangu. O Internacional, que estava melhor e tinha perdido alguns gols, se descontrolava mais a cada minuto que passava, como que se não acreditasse no que estava ocorrendo. O técnico do Inter, Celso Roth, fez as três alterações que podia fazer, tornando o time mais ofensivo, mas o gol de empate não saía. Até que, aos quarenta minutos do segundo tempo, veio o balde de água fria – num chute de fora da área de Dioko Kaluyituka, o Mazembe fez 2 × 0.

Ninguém acreditava mais no que estava acontecendo. Ao final, o Mazembe venceu por esse placar e eliminou o Internacional, deixando vários torcedores da equipe gaúcha, que viajaram a Abu Dhabi para ver a final, com as mãos abanando. Estabeleceu-se uma crise no Beira-Rio que não acabou enquanto Celso Roth, o técnico campeão da Libertadores, fosse demitido, o que ocorreu em abril de 2011. Afinal, o Internacional não pode perder para o Mazembe num torneio tão importante sem nenhuma consequência.

Quanto ao Mazembe, a festa dos jogadores ao final da partida foi enorme, como não poderia deixar de ser. Ganhou destaque a dança do goleiro Muteba Kidiaba, em que ele dava seguidos pulinhos sentado na grama, movendo-se desta maneira muito, muito peculiar. Ele fez essa dança após as vitórias contra o Pachuca e o Internacional, e batizou-a com seu próprio nome – é a dança do Kidiaba. Para os torcedores do Inter a dança do "que diabos"!

Com esse resultado, o Mazembe se tornou o primeiro time fora da Europa e da América do Sul que disputou a final do Mundial Interclubes. Porém, na final, ao enfrentar a Intenazionale de Milão, o Mazembe perdeu por 3 × 0, sem oferecer grande resistência, jogando como o humilde Mazembe que todos esperavam ver.

E, para completar, em fevereiro de 2011, quando a Seleção do Congo perdeu por 1 × 0 para a Tunísia e foi eliminada da Copa

Africana de Nações, alguns jogadores tunisianos tiraram uma onda de Kidiaba e repetiram a sua dancinha logo após o jogo, sem pedir qualquer autorização ao inventor da coreografia.

Santana do Amapá (AP)
A maior goleada da Copa São Paulo

A Copa São Paulo de Futebol Júnior é um tapa-buraco para as férias de janeiro. Dizem que revela muitos futuros craques. Mas a produção de pernas de pau é milhares de vezes maior. Não vale a pena ficar enumerando todos os casos. Vamos direto ao pior de todos os tempos.

Em 9 de janeiro de 2010, na cidade de Indaiatuba, o Santo André (SP) venceu o Santana (AP) por impressionantes 14 × 0! Foram sete gols em cada tempo – no típico "vira sete, acaba 14". E, para completar o dia inusitado, nem com essa goleada o Santo André se classificou, ficando apenas em terceiro lugar no grupo, atrás do Vitória (BA) e do Primavera de Indaiatuba. O Vitória da Bahia foi o classificado do grupo para a fase seguinte, e o Ramalhão (apelido do Santo André) ficou a ver navios, mesmo com esse placar. E o futebol é mesmo imprevisível: cinco dias antes da histórica goleada, o Vitória havia enfrentado o mesmo Santana. Goleou? Curiosamente não – venceu apenas por 1 × 0.

* * *

Foi aí, quase nas páginas finais, que o Arquivo Y trouxe o tiro de misericórdia. Florêncio apontou que o pior time do mundo estava no país pentacampeão mundial: o Brasil. Mas, infelizmente, quem é que poderia discordar dele?

ÍBIS (PE) – UM CAPÍTULO À PARTE

Poucos times reconhecem a glória de serem ruins; um deles, fundado em 1938, é o Íbis Sport Club, de Pernambuco. Em seu símbolo está estampado um pássaro preto no escudo, justamente o íbis. Mas a insígnia do time bem que poderia ser um gato preto, pois a sorte não está ao lado da equipe rubra. O time nunca foi bom, embora as ideias de quem cercava o clube fossem "geniais". Orgulhosos por serem um bando de grossos e pernas de pau, o clube resolveu fazer marketing da própria "desgraça" e adotou a alcunha O Pior Time do Mundo. Esse título não foi merecido facilmente; só a custo de muita falta de técnica, habilidade e, é claro, má sorte.

O Íbis foi fundado por funcionários da Tecelagem de Seda e Algodão de Pernambuco (TSAP). E o salário dos jogadores, ou seja, os recursos do clube, vinha das mensalidades de funcionários descontadas em folha de pagamento. Com o time queimando mais dinheiro do que o Bob Marley queimava seda, a equipe perdeu o apoio da TSAP e entrou em agonia anos depois, na década de 1960.

A Tecelagem queria que o clube fosse desfiliado da Federação, mas Ozir Ramos, ex-jogador e futuro presidente do clube, mostrou que sabia driblar melhor fora de campo: sumiu com o ofício e levou o patrimônio do clube à sua casa, que passou a ser a sede do Íbis por muitos anos.

Mesmo chegando a ter sede lá na casa do Ozir, por incrível que pareça, o Íbis tem títulos em sua história: o Torneio Início do Campeonato Pernambucano de 1948 e de 1950. Mas, como não podia deixar sua tradição de lado, no Campeonato Pernambucano desses dois anos, o resultado foi aquele projetado por todos: a última colocação.

Em mais de setenta anos o time demonstra em seu currículo maestria na arte de perder: foram 677 jogos, com 504 derrotas, noventa empates e inesperadas 83 vitórias. Um aproveitamento duro de ser igualado – 17% dos pontos disputados, e o incomparável saldo negativo de 1,5 mil gols. Entre 1947 e 2000, o Íbis disputou o Campeonato Pernambucano por 46 vezes, e mostrou regularidade invejável: 25 últimas colocações (!).

Deu na revista – 1

Na revista *Placar* de número 235, de 20 de setembro de 1974, a reportagem de Lenivaldo Aragão destacou a difícil situação pela qual passava o Íbis. O clube só tinha dois jogos de camisa e, como não tinha as de treino, era obrigado a praticar com as preciosas camisas de jogo. Será que um surto de micose e mau cheiro se espalhou por todo o clube? Jamais saberemos.

Para ser o pior de todos, o Íbis não precisava de muitos jogadores. À época, contava com 17 "atletas", que ganhavam um salário baixíssimo e, segundo a revista, alguns trabalhavam em outra atividade e alguns estudavam – poucos jogavam somente futebol (estes sim deviam ser reprimidos pelo técnico, pois nem só jogando futebol conseguiam aprender). A revista também mostrou que a torcida (não sei por quê) não era o forte do Íbis; muito pelo contrário – o único torcedor conhecido do clube era o Chico do Táxi, proprietário de um táxi (não brinca...) e assíduo espectador dos jogos do clube, fizesse chuva ou sol. Seu Chico ainda ajudava a levar materiais do time em momentos difíceis (ou seja, quase sempre), e sem cobrar nada. A paixão pelo Íbis nasceu em 1942.

A fama de Pior Time do Mundo do Íbis começou na década de 1940, quando o clube mostrou que veio pra fazer história e logrou nove derrotas seguidas, chegando, de maneira incrível, a 23 jogos consecutivos sem uma única vitória. Mas, entre o final da década de 1970 e o início da de 1980, a máquina de perder engrenou de vez. O Íbis conquistou o troféu às avessas, a lanterna, cinco vezes seguidas, entre 1978 e 1982.

Chico do Táxi – Uma lenda dos estádios pernambucanos

Em um jogo Santa Cruz × Íbis, o visitante surpreendeu e saiu na frente. A torcida do Santa Cruz, não acreditando no que via, atônita, calada, percebeu que apenas um cidadão vibrava efusivamente. E partiu para cima do indivíduo, que, é claro, era o Chico... do Táxi.

Pra ninguém achar que a história é mentira, aqui vai o final dela, retirado diretamente da revista *Placar* de número 712, de 13 de janeiro de 1984: "O torcedor do Íbis só não saiu moído do estádio porque o ex-lutador Pantera, torcedor--símbolo do Santa, apartou o massacre, com um argumento convincente: 'Se vocês matarem esse homem, vão matar toda a torcida do Íbis'".

Em 1979, o clube fez a campanha perfeita: 0% de aproveitamento. Foram 12 derrotas em 12 jogos, com apenas um gol marcado e 51 sofridos. Vale ressaltar que o gol marcado nessa temporada foi de grande valia, pois o tento foi anotado contra o grande Sport, e o placar final configurou-se uma sacolada do Rubro-Negro: 8 × 1 para o Sport. Para demonstrar que o ataque era tão ineficiente quanto a defesa, o gol do Íbis foi marcado pelo zagueiro Cícero, que jogava pelo... Sport!

A fim de tomar goleadas sensacionais, ainda em 1979, o time precisava desesperadamente de um goleiro de classe. Encontrou um jogador conhecido como Carnaval, nome que era sinônimo de festa para qualquer atacante. Carnaval deixaria seu legado no clube, pois viria a se tornar o preparador físico do time. Mas, na época da negociação, não havia dinheiro para contratá-lo. Porém, como o importante para Carnaval era sorrir... "Se me derem uma dentadura nova, eu topo", propôs o goleiro. O clube aceitou e o negócio foi fechado. Alegria geral.

Em 1981, quando a campanha de 1979 parecia inigualável, o Íbis bateu o próprio recorde, perdendo as 18 partidas que disputou no campeonato, tendo marcado apenas quatro gols e sofrido 88. Com uma média de mais de quatro gols sofridos por jogo, o que não faltou foi goleada, como um fantástico 13 × 0 contra o Santa Cruz.

Em 20 de julho de 1980, pelo Campeonato Pernambucano, o Íbis venceu o Ferroviário do Recife por 1 × 0. Foi a única vitória naquela temporada. Depois dela, o time não venceria uma partida sequer nos Pernambucanos de 1981, 1982 e 1983. Praticamente como ser tricampeão invicto.

A vitória seguinte só ocorreria em 17 de junho de 1984, quase quatro anos depois – Íbis 3 × 1 Santo Amaro. É claro que foi a única vitória do Íbis no Campeonato Pernambucano de 1984. Esses três anos e 11 meses sem sentir o sabor de uma vitória tornaram-se a maior glória do Íbis Sport Club. Mais do que levantar uma taça, o Íbis chegou ao *Guinness World Records*. Nesse período, foram 55 jogos seguidos sem uma vitória, com sete empates e 48 derrotas.

Deu na revista – 2

Em 29 de julho de 1983, a revista *Placar*, fiel torcedora do clube, fez nova reportagem sobre o Íbis, que estava havia três anos sem uma vitória sequer. De 1973 a 1983, o Íbis, só contra os três times grandes de Pernambuco, perdeu:

- 3 vezes por 6 × 0
- 2 vezes por 7 × 0
- 1 vez por 8 × 0
- 2 vezes por 8 × 1
- 2 vezes por 9 × 0
- 2 vezes por 10 × 0
- 2 vezes por 11 × 0
- 2 vezes por 13 × 0

Se o Romário tivesse jogado contra o Íbis, provavelmente teria chegado aos mil gols de verdade. Teve gente que sugeriu que os gols marcados contra o Íbis não contassem na disputa da artilharia. O time, à época, era praticamente amador, e seus jogadores não ganhavam quase nada. Eram donos de lanchonete, estudantes, motoristas, um serralheiro e dois policiais!

Em nova reportagem da revista *Placar*, de 12 de maio de 1989, o zagueiro Iaúca ilustrou a dificuldade que os jogadores tinham de atuar pelo clube: "Nossa concentração é o ponto de ônibus. E quem quiser bicho tem de esticar até o jardim zoológico".

Desrespeito a quem?

Em 2001, influenciado pelos maus resultados da Seleção Brasileira naquele momento, o Íbis propôs um amistoso contra a Seleção Nacional, ironizando sua má fase. A brincadeira não foi bem-aceita e o já pobre clube chegou a ser multado pela Federação Pernambucana, que considerou o ato como um desrespeito. Para mim, desrespeito com o Íbis, claro!

Como na primeira divisão pernambucana já não tinha pra ninguém, em 2008, o Íbis se aventurou na segundona, e manteve o ritmo da primeira divisão, ficando apenas à frente do Surubim em seu grupo. Para inovar, o time resolveu ser derrotado de maneira diferente, e perdeu dois jogos por W.O.

Vavá, Rildo e uma introdução de Mauro Shampoo

Dois grandes craques da Seleção Brasileira, Vavá e Rildo, já passaram pelo Íbis, mas os bons não marcam por aqui. O personagem mais marcante do Íbis, aquele que merece estátua na casa do Ozir, foi o centroavante Mauro Shampoo, que, segundo ele mesmo, marcou apenas um gol na passagem de dez anos pelo Íbis. Veja bem: centroavante, dez anos, um gol. Perfeito para o clube. Para mostrar como ele era a cara do Íbis, em 1988, na única vitória da equipe no Estadual, por 2 × 0 sobre o Sete de Setembro, ele não estava em campo. Não quis participar de uma vitória; seria deveras humilhante. Atualmente e, claro, desde os tempos de jogador, ele trabalha como cabeleireiro em Recife. Se não era bom para cortar os zagueiros é porque guardava todo o seu talento para o corte com a tesoura, pois conquistou muitos clientes no campo de futebol – vários atletas de times rivais cortam hoje o cabelo com ele.

Mauro Shampoo não virou música de Jorge Benjor como *Fio maravilha*, mas já foi tema de um premiado curta-metragem chamado *Mauro Shampoo, jogador, cabeleireiro e homem*, de Paulo Henrique Fontenelle e Leonardo Cunha Lima. Ele se apresentou durante muito tempo dessa maneira e, para que não reste nenhuma dúvida, a alcunha estava registrada em seu cartão de visita. Para completar, não foi nenhum Jorge Benjor, e sim o cantor e compositor Oswaldo Montenegro, quem fez uma música em sua homenagem.

Após o sucesso do curta, Shampoo conseguiu se superar com o cartão de visita fenomenal, que dispensa comentários. Dá só uma olhada:

O único gol de Mauro Shampoo pelo Íbis, segundo ele próprio, foi o de abertura de um jogo entre Ferroviário do Recife e Íbis. Após o tento, o Ferroviário virou o jogo e venceu por 8 × 1. Muita gente contestou o gol do camisa 9 do Íbis, reclamando de impedimento no lance, mas o gol foi legítimo.

No salão de cabeleireiro, muitas fotos do Íbis ilustram as paredes, para que todos possam observar os bons tempos de Mauro Shampoo. Seu filho, chamado Hamed Thorpe (não me pergunte porquê), mais comumente conhecido como Xampuzinho, atualmente joga pelo Íbis como centroavante – seu maior ídolo é o homem avesso a gols, o papai.

Para finalizar a história dessa lenda do Íbis, Mauro Shampoo chama os parentes próximos com apelidos ligados à profissão:

- Filha: Creme Rinse
- Filho: Secador
- Esposa: Pente-Fino
- Mãe: Lêndea
- Sogra: Piolho (claro!)

PS.: Um companheiro de Mauro, o centroavante Alexandre, depois de não marcar um gol sequer em dois anos, mudou radicalmente de profissão: tornou-se o goleiro reserva do time.

* * *

Já era tarde da noite quando terminei de ler a última página do dossiê. Era, de fato, uma bomba atômica contra o futebol brasileiro. Onde ele fosse divulgado, o Brasil perderia a coroa de número 1 do mundo. Enfim entendi por que o Flor tinha direito a duas secretárias. E, ainda por cima, duas secretárias que falavam a mesma língua que ele. Sim, eu tinha sido derrotado novamente.

PARTE 2
É HORA DA MINHA VINGANÇA

Ao terminar de ler aquele dossiê sobre as mazelas do futebol brasileiro, resolvi procurar o doutor João Havelange. O doutor Havelange tem um título honorário. Acho que é o faraó mais querido ou a múmia mais antiga da Fifa... ou algo parecido. A recepcionista riu da minha cara quando disse que gostaria de agendar um horário com ele. Explicou-me que João Havelange era o homem mais importante do mundo, mais até que o papa, e que eu teria que passar primeiro por um assessor. Na verdade, um *trainee* do assessor do assessor do assessor. Ela não acreditou quando contei que se tratava de um assunto de vida ou morte. Aliás, deixou-me falando sozinho e foi toda faceira atender o presidente da Federação de Futebol da Guiné-Bissau, que entrara na sala para falar sobre uma homenagem que faria a ele antes do próximo amistoso a ser disputado pela imponente seleção daquele país.

Antes de me colocar para fora da antessala, a secretária ainda perguntou: "Por que você não vai falar diretamente com o senhor Joseph Blatter?" Como o meu inglês não era dos melhores, eu chamava o atual presidente da Fifa de Zé mesmo. Se Joseph é Zé em inglês, então ele podia ser um Zé também. O pessoal da Fifa chamava Blatter pelo apelido: Sepp. Mas Sepp, para mim, é aquele numerozinho que a gente põe na cartinha pra ela chegar no endereço certo. Por isso mantive o Zé. Engraçado... Lembro até hoje do meu "Sepp" em Bangu: 20211-110.

Não procurei o Zé porque fiquei desconfiado que aquele dossiê poderia ter sido encomendado pelo próprio.

Bem, era hora de usar todos os meus conhecimentos futebolísticos para me vingar daquele brasileiro frustrado da sala ao lado. Resolvi escrever um novo dossiê com o que já foi feito de pior no futebol mundial. Afinal, só existem duas seções no futebol: o Brasil e o resto do mundo. E agora dou início a esse arquivo que, temo, vai abalar os alicerces desse grande negócio.

Comecei, obviamente, pelo México. É, senhor Flor, pimenta nos olhos dos outros...

O PIOR DO FUTEBOL MUNDIAL

A quem possa interessar: existem indícios de que jogos parecidos com futebol já tenham sido disputados há milhares de anos. Mas as primeiras regras do futebol foram escritas em 1863 dentro de uma taverna em Londres chamada Freemason's. Logo se percebeu que o cara que inventou a regra do impedimento só podia estar mesmo alcoolizado. Só sei que o futebol logo se espalhou pelo mundo e se tornou o esporte mais popular do planeta. A Fifa, entidade que controla e cobra comissão, tem mais associados que a ONU. Deve ser porque muita gente entrou de penetra. Sim, há verdadeiras aberrações futebolísticas espalhadas pelo mundo, que estão ali só para fazer número quando alguém vem com essa maldita comparação sobre o número de filiados. A Fifa tem seleções que ainda treinam chutando coco, jogam em campos com traves feitas com chinelões do tipo Rider e áreas demarcadas com fita crepe. O dossiê que agora está em suas mãos vai mostrar que o que se joga por esses rincões é muito diferente do verdadeiro futebol-arte, praticado pelos brasileiros. Leia e tire as suas conclusões.

México
Um rei na nobre arte de perder

Desde o começo do século XX, o México foi um bastião da derrota. Abriu espaço para muitas seleções, que também colecionaram derrotas.

Se existe um time lendário nas Copas do Mundo, esse é o México. A Seleção Mexicana obteve recordes que dificilmente serão batidos até o ano 3000. Nove derrotas seguidas em Mundiais, entre 1930 e 1958, e único time a conquistar a última colocação de uma Copa por quatro vezes: em 1930, 1950, 1958 e 1978. Se o Brasil é penta, o México é tetra, mesmo jogando menos Mundiais. O México é o Darth Vader de *Star Wars*, é o Mestre dos Magos da *Caverna do dragão*, é Bill, de *Kill Bill*, é o senhor Miyagi do *Karatê kid*. Deu pra entender, né? O *slogan* "Jogamos como nunca, perdemos como sempre", utilizado para caracterizar o México em Copas, continua válido, pois nos momentos decisivos em Copas a Seleção Mexicana parece o seu Madruga quando encontra a dona Florinda: treme na base.

De 1930 até 1966, a participação do México em Copas foi sempre muito consistente. Ao final das oito primeiras Copas, o México havia participado de seis e sido lanterna em três, com uma vitória, três empates e 13 derrotas.

Em 1934, o México estava classificado para jogar a Copa. Viajou à Itália, mas não conseguiu participar do Mundial. A Seleção Mexicana havia eliminado Cuba nas Eliminatórias, o que deveria dar a vaga aos mexicanos. Porém os Estados Unidos já estavam acostumados a perseguir e complicar a vida dos chicanos desde então, e até mesmo no futebol. A Seleção Americana havia desistido de disputar uma vaga na Copa em 1933. Mas voltaram atrás em 1934, e a Fifa, babando o ovo nos ianques, promoveu um jogo entre México e Estados Unidos, na Itália, para que, quem vencesse, fosse à Copa. A bola rolou em Roma em 24 de maio de 1934, a três dias do início da Copa. Os norte-americanos ganharam por 4 × 2, e os mexicanos precisaram voltar para casa, quietinhos, sem reclamar, como se tivessem sido pegos pela "Migra" pulando o muro de Tijuana para invadir San Diego.

Em 1938, o México não foi à Copa e, em 1950, começou a saga de um dos maiores fracassados dessa competição: o goleiro Antonio Carbajal. Trata-se de um dos dois únicos jogadores que participaram de cinco Copas diferentes. O outro é o alemão Lotthar Matthäus, campeão e capitão em 1990. Aquele que veio treinar o Atlético (PR), teria passado uma cantada na repórter e a mulher o mandou voltar pra casa. Enquanto isso, Carbajal perdeu mais que qualquer outro em resultados de Copas.

Em 1950, Carbajal participou dos três jogos do México na Copa – foram três derrotas e o último lugar; tomou dez gols e fez dois. Em 1954, atuou em apenas um dos dois jogos do México, na derrota por 3 × 2 para a França. A partida poderia ter terminado empatada, mas, faltando dois minutos para acabar o jogo, a França fez o terceiro e aumentou o recorde mexicano e o do próprio Carbajal em Copas. Na outra partida mexicana em 1954, derrota de 5 × 0 para o Brasil, e o México, embalado, completava oito jogos e oito derrotas em Mundiais.

Em 1958, o México foi mais uma vez o lanterna da Copa. Logo na estreia, o time de Carbajal mostrou que não estava de brincadeira e levou 3 × 0 da Suécia, dona da casa. Mas, contra o País de Gales, quando o jogo estava 1 × 0 para os gauleses, aos 44 do segundo tempo – com Carbajal em campo –, o México empatou o jogo. Com isso, quebrou a inigualável sequência de nove derrotas seguidas em seus primeiros jogos de Mundiais.

Após o empate com Gales, o México voltou ao seu estilo de jogo e perdeu de 4 × 0 para a Hungria. Em 1962, nos dois primeiros jogos, derrota de 2 × 0 para o Brasil, o futuro campeão, e de 1 × 0 para a Espanha, futura campeã... de 2010. Na terceira rodada, a equipe mexicana chegou ao fundo do poço: enfrentou a poderosa Tchecoslováquia, que, aos 15 segundos de jogo, abriu o placar com um gol de Masek. Tudo indicava que o México manteria sua glória e tradição, mas os mexicanos viraram o jogo ainda no primeiro tempo, e o placar final foi 3 × 1, com um gol no último minuto de jogo. Como sabemos, o Brasil venceu aquela Copa jogando a final contra a mesma Tchecoslováquia e vencendo pelos mesmos 3 × 1. Lembro-me de que o Flor, certa vez no cafezinho, comparou o Brasil e o México nessa Copa de 1962. Na cabeça do Flor, portanto, Brasil = México.

Em 1966, o México empatou com a França em 1 × 1 e perdeu da Inglaterra, a anfitriã, por 2 × 0. Mas, nesses jogos, quem atuou foi o goleiro Calderón.

Para a terceira partida, que era a despedida do México do Mundial, Carbajal foi escalado, e o jogo contra o Uruguai terminou em mais um majestoso 0 × 0.

Carbajal havia atuado em 11 jogos: a fatídica vitória, um empate e nove derrotas, num total de 25 gols sofridos – recorde em Copas, só igualado por outra lenda, o goleiro árabe Al Deayea, em 2002.

O México foi o pior time das Copas até 1966, e Carbajal, o goleiro mais vazado. Até hoje, é um dos nomes mais lembrados na história das Copas.

LUXEMBURGO
Um time de sobrenome

Pesquisando os arquivos europeus, um time com nome de sobrenome destaca-se dos tantos países nanicos do velho continente: Luxemburgo.

Pode-se dizer que o maior "saco de pancadas" da história das Eliminatórias é a Seleção de Luxemburgo, que participa assiduamente, desde a primeira edição das Eliminatórias, para a Copa de 1934. Logo na primeira partida, o esquadrão luxemburguês – que não tem nada a ver com o vitorioso "profêxor" Vanderlei – mostrou seu poderio: derrota de 9 × 1 para a Alemanha, em março de 1934. Mas eles não desistiram; pelo contrário. Continuaram perdendo, e muito.

A primeira partida fora da curva, ou seja, uma vitória, veio no 18º jogo, contra Portugal, em outubro de 1961, por decepcionantes 4 × 2. O agravante é que esse jogo marcou a estreia de Eusébio, uma das maiores lendas do futebol mundial, na Seleção Portuguesa, aos 19 anos. Absurdos como esse, com uma vitória de Luxemburgo sobre o time de Eusébio, também acontecem no futebol. Os portugueses devem ter exagerado no pastelzinho de Belém.

Mas quem pensou que a primeira vitória abriria um caminho de glórias para Luxemburgo se enganou. A Seleção Vermelha seguiu perdendo, só voltando a vencer em 1972: vitória por 2 × 0 sobre a Turquia. Já o terceiro triunfo ocorreu em 2008, com uma inacreditável vitória por 2 × 1 sobre a Suíça em plena cidade de Zurique. A Seleção Suíça conseguiu ser estraga prazeres ao quebrar uma maravilhosa sequência de 73 jogos sem vencer em Eliminatórias, entre 1972 e 2008. É isto mesmo: 73 jogos sem vitória – recorde absoluto, claro! No total, foram três vitórias, quatro empates e outro recorde absoluto de 107 derrotas, com 18 participações em Eliminatórias, nenhuma classificação e um saldo de 327 gols negativos. Pois é... Samoa, Eritreia e Guam têm que comer muito feijão para chegar aos pés de Luxa (Luxa é para os íntimos).

San Marino
Cercada de Itália por todos os lados

Não precisei de muita perícia para chegar a San Marino, a mais antiga república do mundo, fundada no ano 301. Tem apenas 61 quilômetros quadrados e fica num território cercado pela Itália por todos os lados. Veja só: cercado pela Itália, ou seja, grossos por todos os lados. Grossos como o lateral Grosso, campeão do mundo pela Itália em 2006. Pela influência da Azzura, concluímos: não é uma seleção que faz muitos gols.

San Marino estreou nas Eliminatórias para a Copa de 1994. E, desde então, tem sido a mais fraca equipe da Europa, porém a melhor da Itália. Na estreia em Eliminatórias, uma mostra de sua força: derrota de 10 × 0 para a Noruega. Quando a Itália fez um jogo com tantos gols assim? Não me recordo. Até hoje, fez 46 jogos em Eliminatórias, sem ganhar nenhum e empatando apenas dois. Fez oito gols e tomou 205. Veja bem: oito gols! A Itália deve ter feito 12 gols, sendo quatro do Totó Schillacci e cinco do Roberto Baggio. Mano a mano com a Seleção Samarinesa. É, sem dúvida, um dos melhores piores times do mundo. Nenhuma esquadra, até hoje, exceto San Marino, ficou os 46 primeiros jogos de Eliminatórias sem uma única vitória.

O momento mais marcante da história da Seleção de San Marino ocorreu em novembro de 1993, num jogo contra a Inglaterra. Mas, naquela ocasião, o jogador Davide Gualtieri calou o Reino da Beth com o gol mais rápido da história em jogos entre seleções. Para não espantar a torcida, a piedosa equipe samarinesa fez um gol-relâmpago, para poucos. Depois a Inglaterra cumpriu sua obrigação e venceu por 7 × 1. Após o 7 × 1, o jornal inglês *Daily Mirror* estampou na manchete do dia seguinte: "É o fim do mundo". Tomar um gol de San Marino!? Recordemos que a Inglaterra não foi à Copa em 1994. Talvez o saldo de gols pudesse fazer diferença.

Nas Eliminatórias da Eurocopa de 1996, San Marino manteve a regularidade: dez derrotas em dez jogos, dois gols marcados e 36 sofridos. Equilíbrio nos dois setores, defesa e ataque, sonho de qualquer time.

Além de jogadores dessa equipe mágica, os artistas da bola tinham outras profissões: havia um dono de empresa de ônibus, dois comerciantes, um ferramenteiro, um técnico de futebol e empresário (não é piada), outros dois empresários, dois funcionários públicos, um estudante e até um artesão. Os únicos que teriam condições de ocupar as duas funções aqui no Brasil seriam alguns funcionários públicos, que teriam tempo para treinar em dois períodos e jogar nos finais de semana.

* * *

Na busca de dados raros e absurdos nas pequenas fichas espalhadas por milhares de arquivos na Suíça, consegui resultados contundentes, um orgulho dos derrotados, de países nos quais sequer imaginávamos haver futebol. Como era bom escrever sobre os derrotados, os humilhados! Ficava trancado o dia inteiro na minha sala. Para não levantar suspeitas, entrava com uma pilha de revistas masculinas embaixo do braço. Assim, ninguém ousaria me interromper num momento tão importante e íntimo. Foi duro – quer dizer, não foi duro – abrir aquelas revistas. Afinal, tinha uma missão mais importante. Tal qual um monge beneditino, só colocava a cabeça para fora quando tinha de comer... comida. Haja mímica para pedir a senhorita Putina um sanduíche de peru sem me desconcentrar. Sem contar os inúmeros copos de café.

Samoa Americana
Não solta as tiras nem tem cheiro

Samoa Americana é uma dependência dos Estados Unidos, mas, para nós, brasileiros, lembra mesmo aquele chinelo que fazia sucesso antes de as Havaianas saírem dos pés calejados dos pedreiros para os delicados dedinhos das celebridades tupiniquins. Mas Samoa Americana é uma Seleção independente de futebol e filiada à Fifa. Começou a disputar as Eliminatórias da Copa do Mundo em 2001, para o Mundial do ano seguinte. A equipe tem um ágil, lépido e maroto time de rúgbi, mas a maestria do país é ser pereba no futebol.

A campanha de Samoa Americana nas Eliminatórias para a Copa de 2002 ficou marcada como a pior de uma Seleção em toda a história do futebol, ruim demais, quase genial. Estrearam nas Eliminatórias para a Copa de 2002 em 7 de abril de 2001, jogando contra a audaciosa Seleção das Ilhas Fiji. O time não foi bem: levou 13 × 0 da máquina fijiana. Dois dias depois, a parada era o clássico contra Samoa Ocidental. Jogo duro. O time não rendeu como o esperado e veio a derrota por 8 × 0. Dois dias depois, o confronto seria contra a Austrália, e aí apareceu toda a magia da esquadra samoana.

Os norte-americanos, colonizadores daquele território, dizem que não gostam muito de futebol porque não saem muitos gols nos jogos. Pois, no dia 11 de abril de 2001, Austrália e Samoa Americana protagonizaram um jogo histórico, que certamente faria qualquer ianque deixar a salsicha, o ketchup e a mostarda de lado. Diante de, infelizmente, apenas 3 mil pessoas, a Seleção de Samoa deu um show de bola da pior qualidade, alcançando uma incrível derrota por significativos 31 × 0 – a maior goleada da história das Eliminatórias, a maior lavada em partidas oficiais entre seleções. O jogo até ganhou um lugarzinho no *Guinness World Records*. O espetáculo só não foi maior porque o time australiano teve um gol anulado (de maneira injusta, com certeza; conferi no *replay*), e ao menos um milagre para o goleiro de Samoa Americana, que defendeu um e deixou passar mais de trinta.

A sacolada entre Austrália e Samoa Americana serviu ao menos para consagrar um perna de pau, o atacante australiano Archie Thompson, que marcou 13 gols na peleja. Vale lembrar que nem australiano o cara é! É um neozelandês, filho de mãe papuásia (quem nasce em Papua-Nova Guiné) e recorde absoluto de gols em um jogo oficial! Nem Pelé, aquele que não ganhou a Copa de 1966, realizou tal feito. Este conseguiu marcar "só" oito gols num jogo. Um pouco mais técnico, Dario Maravilha, o onanista dos vestiários, marcou dez, mas não chegou nem perto. De quebra, David Zdrilic, que também deve ser bem grosso, igualou o recorde de Pelé: fez oito gols nesse mesmo jogo.

Samoa manteve boa regularidade – no primeiro tempo, levou 16 gols, e, no segundo tempo, 15. Em noventa minutos, 31 gols; em média, um gol a cada três minutos. Não é para qualquer Seleção. Duvido que a Seleção Brasileira tenha conseguido um resultado desses. A equipe samoana foi tão impiedosa que o rapaz do placar, em dado momento, chegou a perder a conta, e, ao final, o placar apontava 32 × 0. Que fique registrado que a Seleção de Samoa Americana era muito jovem e havia até um jogador de 15 anos no time. Mas nenhum deles era cego, e todos tinham as duas pernas.

Para completar a campanha irretocável, Samoa Americana enfrentou Tonga, que havia perdido de 22 × 0 para a Austrália dias antes, na segunda maior goleada da história das Eliminatórias. O resultado final foi Tonga 5 × 0 Samoa Americana.

Vale lembrar que a Austrália, mesmo com essas duas contundentes goleadas, não conseguiu se classificar para a Copa de 2002 – foi eliminada pelo Uruguai na repescagem.

Até agora, Samoa Americana já fez 12 jogos em Eliminatórias e, claro, perdeu os 12. Com uma defesa inigualável, sofreu 129 gols, o que significa uma média de mais de dez gols sofridos por partida.

O ataque de Samoa Americana, ao menos, é um azougue. Ou você pensa que Samoa Americana nunca fez um gol? Pois fez... marcou dois. O primeiro foi contra a consagrada equipe de Vanuatu, nas Eliminatórias para a Copa de 2006, numa derrota por apenas 9 × 1, e o segundo foi contra as Ilhas Salomão, nas

Sem um golzinho sequer nas Eliminatórias

Sim, existem seleções que jamais souberam o que é o prazer de um gol. Mas nem por isso deixam de existir ou de ter a própria beleza.

Apenas duas seleções, entre as mais de duzentas que já participaram das Eliminatórias, nunca marcaram um gol sequer. Sim, Samoa tem representantes do mesmo quilate em outros continentes. Na África, a Eritreia, de futebol tão complexo quanto o próprio nome. E Guam, que fica na Ásia. Guam, a propósito, só fez dois jogos em Eliminatórias até hoje, que foram:

- Para a Copa de 2002 – Irã 19 × 0 Guam, em 24/11/2000.
- Tadjikistão 16 × 0 Guam, dois dias depois.

Grandes resultados, mas, após as conquistas, Guam desistiu de participar das Eliminatórias para as duas últimas Copas, em 2006 e 2010, pois não conseguiu nem chegar perto da Máquina de Samoa Americana. Quiçá se animem para tentar uma vaga na Copa do Brasil em 2014.

Eritreia, por sua vez, já obteve resultados mais estranhos, chegando até mesmo a empatar (por 0 × 0, é claro, visto que nunca fez gol) com Nigéria e Sudão.

Eliminatórias para a Copa de 2010 – derrota mais ao estilo samoano, por 12 × 1.

Honrando as tradições, Samoa Americana nunca venceu um jogo oficial em sua história. A única vitória dessa Seleção ocorreu em 1983 – 3 × 1 sobre Wallis e Fortuna. Mas, em 1983, a equipe ainda não era afiliada à Fifa, e até hoje Wallis e Fortuna ainda não é, pois o computador não chegou por lá, de forma que esse jogo não é considerado oficial.

Samoa Americana realmente respeita o lema de suas terras: "Samoa, deixa Deus ser o primeiro". Pelo jeito, não só Deus...

Coreia do Norte
A terra dos Kim

O que você sabe sobre a Coreia do Norte? Que fica em cima da Coreia do Sul? Pois é... o país é um dos mais fechados do mundo e vive sob feroz ditadura desde a época em que a Hebe usava chupeta. Se achava que fechado era o treino do Dunga, é porque você nunca foi à Coreia do Norte!

As dúvidas sobre a Coreia do Norte de fato intrigaram jornalistas na Copa da África do Sul. No que trabalhavam os jogadores quando não estavam treinando? Por que todo coreano se chama Kim? E como se classificaram para a Copa com um time tão ruim?

Na verdade, as estrelas da Seleção atuavam fora do país, depois de escaparem milagrosamente pelo Sul da Coreia do Norte, adentrando a Coreia do Sul, entendeu? Os craques da Seleção eram:

- O volante An Young-Hak, que jogava no Japão
- O meia Kim Yong-Jun, que jogava na China
- O atacante Hong Yong-Jo, que jogava na Rússia

O mais impressionante é que, dos três, apenas um era Kim. Dos outros vinte jogadores coreanos que foram à Copa, quase nenhuma informação, só a probabilidade de existência de outros Kim's.

E, falando em Kim, a Coreia do Norte inscreveu o jogador Kim Myong-Won, um atacante, como terceiro goleiro, na intenção clara de burlar as regras da Fifa e ter mais uma opção de ataque! Meu Deus, como deve jogar bola esse Kim Myong-Won! Fez com que a Coreia tentasse trapacear a Fifa só para contar com o faceiro atacante em seu plantel. Mas o negócio é que a Fifa descobriu a artimanha e proibiu a Coreia de escalar o jogador na linha, condenando um dos maiores craques da história do futebol a ficar como terceiro goleiro reserva do time. Se bem que ele não devia ser muito pior que os outros...

Abalada após perder sua arma secreta, a Coreia foi presa fácil na Copa do Mundo. As autoridades, temendo uma humilhação na estreia contra o Brasil, não transmitiram a partida ao vivo, para evitar mostrar o vexame em rede nacional. Mas os coreanos não sabiam que o técnico do Brasil era o Dunga e deixaram de mostrar uma atuação de gala da equipe asiática. O Brasil sentiu falta de Cafu na lateral direita e ganhou por meros 2 × 1.

Para o segundo jogo, os norte-coreanos estavam mais animados, pois, até o Mundial da África, tinham apenas uma participação em Copas, no Mundial de 1966, na qual chegaram às quartas de final e fizeram um jogo histórico contra Portugal, o mesmo adversário de 2010. Em 1966, os coreanos enfrentaram o time de Eusébio, que havia eliminado o Brasil, e abriram inacreditáveis 3 × 0. Quando nada parecia ser mais milagroso, os norte-coreanos ainda tiveram a capacidade de tomar a virada e perder por 5 × 3. Mesmo assim, o jogo de 2010 contra Portugal foi transmitido ao vivo, uma vez que o governo da Coreia acreditava em um resultado melhor para os coreanos.

Mas a Seleção vermelho-comunista surpreendeu mais uma vez. Na única goleada da Copa de 2010 acima de 4 × 0, os portugueses venceram por 7 × 0, humilhando, e pior, condenando os norte-coreanos. Na última rodada, temendo o futuro e totalmente desmoralizados, os norte-coreanos perderam para a Costa do Marfim por 3 × 0, terminando a Copa em 32º e último lugar, com um gol marcado e 12 sofridos. Quando o juiz apitou o fim da Copa para os asiáticos, devem ter fechado os olhinhos (não só os olhinhos) e previsto que a recepção em Pyongyang não seria das melhores.

Agências internacionais de notícia divulgaram que, no retorno ao país, como castigo pela vergonha na Copa, por não ter ao menos vencido o time de Dunga, os jogadores foram submetidos a humilhações públicas e o técnico precisou executar trabalhos forçados. É melhor nem imaginar o que é humilhante ou qual seria o trabalho forçado na Coreia do Norte. Talvez ter de massagear e dar banho no ditador Kim Jong II, ou, quiçá, escrever à mão todos os telefones e endereços das famílias Kim do país.

Até a Fifa entrou na jogada, e ficou de investigar o caso. Se algum tipo de punição aos jogadores ocorreu por causa da má campanha na Copa, não foi a primeira vez. Na década de 1990, jogadores do Iraque foram torturados após não terem conseguido se classificar para a Copa do Mundo de 1998. Precisa falar quem era o craque iraquiano à época? Saddam Hussein.

Coreia do Sul
A saga de 1954

Entre 1950 e 1953, a Coreia viveu uma guerra que dividiu o país em Coreia do Norte e Coreia do Sul. E, para mostrar logo de cara que o Sul estava à frente do Norte, a Federação local resolveu inscrever seu time de futebol nas Eliminatórias da Copa pela primeira vez. Os confrontos seriam contra o Japão, em jogos de ida e volta – quem vencesse, ganharia uma vaga.

Que clássico, não? Coreia do Sul e Japão! Se misturássemos as camisas e deixássemos cada um pegar a sua, certamente teríamos dificuldade em separar os times de novo. E, para não correr o risco de japonês virar coreano e vice-versa, o presidente sul-coreano se negou a ceder os vistos de entrada para japoneses na Coreia, pois o Japão era um inimigo antigo do país e faziam espadas, carros e tamagochis (sim, já existia tamagochi na época) muito melhor que os coreanos. Portanto, a Coreia do Sul aceitou fazer os dois jogos em Tóquio. E, de maneira contundente, venceu o confronto, enfiando o *temaki* goela abaixo dos japas: 5 × 1 no primeiro prélio e 2 × 2 no segundo. A vaga estava garantida. Problema só para os cachorros coreanos, que se refugiaram nas tocas para não virar petisco na hora da comemoração.

Mas a participação ainda não estava garantida, pois a Federação não tinha dinheiro para bancar a viagem de jogadores tão ruins à Suíça, local da Copa do Mundo. E, claro, o presidente se negou a dar dinheiro federal para o esporte. Num momento tão delicado do país, ele precisava mesmo de uns belos canhões apontados para o Norte. Se quisessem ir à Copa, os sul-coreanos teriam de fazer mais malabarismo que Ronaldinho Gaúcho em dia de treino.

Como a maioria dos jogadores coreanos estava vinculada às Forças Armadas, a Coreia do Sul acabou pedindo ajuda ao super-herói dos pobres e desamparados: os Estados Unidos. Os norte-americanos tinham uma base militar em Seul e, como são "o máximo", acabaram cedendo um avião... de carga, que precisou ser adaptado para o transporte dos craques asiáticos.

No dia da decolagem, o avião apresentou problemas técnicos e levou dois dias para ser consertado; afinal, tratava-se de coreanos. Se fossem norte-americanos teriam arrumado tudo em 15 minutos. Depois de 64 horas entre aguardar o voo e viajar – que maravilha! –, enfim chegaram à Suíça, um dia antes da estreia na Copa.

De tão cansados que estavam, os amarelinhos dormiram muito; faltando três horas para o jogo, ainda roncavam. Muito provavelmente alguém os acordou avisando que corriam o risco de chegar atrasados à estreia da Coreia do Sul em Copas do Mundo.

Na reta final dessa jornada para a estreia, só havia mais um probleminha – o adversário. A Hungria de Ferenc Puskas, um gordinho que jogava muito, e, naquela época, a melhor Seleção do mundo e grande favorita ao título.

O jogo foi mais complicado do que um diálogo entre um húngaro e um coreano, e o placar foi apertado: 9 × 0 para a Hungria, a segunda maior goleada da história das Copas. O jogo foi duro, porém limpo. Apenas cinco faltas, sendo todas da Coreia do Sul. Os caras eram tão ruins que nem apanharam dos húngaros, só da bola.

A brilhante participação sul-coreana na Copa acabou três dias depois em um jogo contra a Turquia. Em vez de permitir que os jogadores descansassem, o técnico, como bom militar coreano... do Norte, castigou os atletas. Treinou e trabalhou duro com aqueles que haviam chegado cansados da maratona aérea e ainda estavam humilhados por não terem nem recebido uma faltinha no jogo contra a Hungria, pois levar nove gols deles até que era normal.

O jogo contra os turcos não poderia ser diferente – derrota, agora por um placar ainda mais apertado: 7 × 0. A estreia sul-coreana não poderia deixar de ser destacada: último lugar, a melhor pior defesa, com 16 gols sofridos, e o melhor pior ataque, com zero gol. Até hoje nenhuma Seleção saiu de uma Copa com um saldo de gols tão negativo. Merecia até troféu...

El Salvador
O Brasil de ponta-cabeça

Se forem colocados em uma tabela os retrospectos das 78 seleções que já participaram pelo menos uma vez de uma Copa do Mundo, El Salvador ficará na última linha. Seria o Brasil de ponta-cabeça.

Não é facil ser Brasil, não é fácil ser El Salvador. Enquanto os canarinhos venceram o torneio cinco vezes, os salvadorenhos perderam todos os jogos (três em 1970 e três em 1982). E o Brasil, ganhou todos os seus? Em campo, um gol marcado e 22 sofridos.

O gol marcado ocorreu em um jogo histórico: Hungria 10 × 1 El Salvador, pela Copa do Mundo de 1982. A maior goleada da história das Copas do Mundo. Não me lembro de a tal Seleção pentacampeã ostentar tal recorde em Copas. O gol de El Salvador, marcado por Ramírez Zapata quando o jogo estava apenas 5 × 0, foi muito comemorado, pois a Seleção tinha certeza de que naquela data entraria para os anais do evento esportivo mais importante do mundo. Uma maneira de marcar aquela época com esse feito, e não com a guerra civil que assolou o país no início da década de 1980. Uma alegria que o povo salvadorenho jamais esquecerá. Em 1970, a Seleção do Leste do Golfo de Fonseca já havia entrado para a história no jogo contra o México, o time da casa, diante de mais de 100 mil espectadores. Zero a zero, e El Salvador já havia beliscado uma bola na trave. Os *sombreros* tremiam, os bigodes coçavam, seu Madruga prometia pagar o aluguel se o México fizesse um golzinho.

Quando o primeiro tempo estava acabando, o árbitro egípcio Ali Kandil – diz-se à boca pequena que era descendente do primeiro faraó da época tinita, a primeira dinastia egípcia, tempo do vovô Menés – marcou uma falta próxima à lateral para El Salvador. Mas foi um mexicano mais sem-vergonha do que o carteiro Jaiminho que, descaradamente, cobrou a infração. Os puros e belos salvadorenhos apenas observaram, imaginando que aquilo não passava de mais uma piada dos brincalhões astecas, mas o lance seguiu e a bola foi parar nas redes do goleiro de El Salvador.

Os jogadores salvadorenhos ficaram tão revoltados, que se recusaram a dar a saída para reinício do jogo. Viravam as costas e imploravam por um cartão amarelo do neto do faraó. Destemidos, arriscaram a própria vida, ou seja, a expulsão do futebol. Entre os muitos guerrilheiros detidos durante a guerra civil naquele país, provavelmente estavam ex-jogadores da Seleção de 1970 que se revoltaram contra a ordem e o sistema após aquele assalto do qual haviam sido vítimas na Copa do México.

Zaire
A maior goleada das Copas

A Copa do Mundo também reserva o que há de pior por todo o planeta. E o continente-mãe, a África, trouxe-nos lindos exemplos de como se pode ser ruim de bola.

A Seleção do Zaire (atual República do Congo), conhecida como os Leopardos, obteve um feito: a vaga para a Copa do Mundo em 1974, na primeira vez em que disputou as Eliminatórias para o Mundial. E sua participação na Copa foi memorável, para dizer o mínimo. Uma equipe que encantou não somente pelo futebol.

Após uma "goleada" de 2 × 0 sofrida para a Escócia, esquadra famosa por seu poderio (in)ofensivo, o Zaire enfrentou a Iugoslávia e, logo nos primeiros 18 minutos, já tomava de 3 × 0. Mostrando personalidade de dar inveja a Telê Santana e a Muricy Ramalho o técnico do Zaire, coincidentemente um iugoslavo, Blagoje Vidinic, substituiu o goleiro Kazadi por Tubilandu aos 21 do primeiro tempo. Estrategista é pouco para dizer sobre ele.

Um minuto depois, aos 22, a Iugoslávia fez o quarto gol, só pra aquecer o novo goleiro. Os jogadores do Zaire reclamaram impedimento no lance, e um deles – prevendo o histórico *Rumble in the jungle*, luta histórica de Ali × Foreman que aconteceria em outubro daquele ano em Kinshasa – mostrou toda a sua habilidade como *boxer*, tentando agredir o juiz, que, voando como uma borboleta, embora sem picar como uma abelha, esquivou-se do soco. Mesmo desviando do direto do africano, o juizão ficou grogue, confundiu-se quanto ao agressor e acabou expulsando outro atleta do Zaire. O George Foreman zairense continuou em campo. Em apenas 22 minutos, o Zaire já dava show: perdia de 4 × 0, tinha substituído o goleiro e estava com um jogador a menos.

Quando o juiz apitou o fim o placar, apontava 9 × 0 para os iugoslavos, que contavam com um timaço cheio de sérvios, croatas e bósnios, entre outros eslavos. A sacolada equiparou-se à partida Hungria 9 × 0 Coreia do Sul, de 1954, a segunda maior goleada das Copas.

Para fechar com chave de ouro, o Zaire teria ainda que enfrentar o Brasil, o atual campeão. A Seleção do "seu Zagallo" sofria na primeira Copa sem o Gasolina, também conhecido como Pelé, e precisava ganhar, no mínimo, por três gols de diferença para se classificar sem nenhum risco.

O Zaire fazia o jogo perfeito. A partida estava ficando complicada quando, aos 34 minutos do segundo tempo, o ponta-direita Valdomiro – o mito do Beira-Rio, homem que venceu nove campeonatos gaúchos e três brasileiros em dez anos – deu um chute estranho, mais bizarro do que sushi em churrascaria gaúcha, chutinho fraco, da ponta direita, e o goleiro Kazadi (aquele que tinha sido substituído no jogo anterior) aceitou, como se fosse uma codorninha bem passada, num frango histórico das Copas. Era o gol cheio de tempero da suada classificação do Brasil, que venceu por míseros 3 × 0.

Ainda nessa partida ocorreu outro lance inusitado. Falta perigosa na entrada da área, bola ideal para o patada atômica Rivellino. Quando Riva já dava aquela corridinha sem sair do lugar para tomar impulso, um dos Leopardos saiu da barreira e deu um bico na bola, ninguém entendeu nada. A jogada foi muito parecida com um *field goal* de futebol americano. Com certeza, os torcedores ao redor do mundo curtiram muito mais esse lance que um golaço de Rivellino – o que seria o normal, o trivial.

Sem um golzinho sequer nos Mundiais

Através dos Mundiais, algumas seleções mostraram grande abnegação. Passaram pela Copa sem fazer um golzinho.

É justo recordar todas as seleções que fizeram história na Copa do Mundo. Das 78 que já participaram, apenas cinco não conseguiram desvirginar a rede adversária:

- O Canadá passou em branco (3 jogos em 1986).
- A China ficou no vermelho (3 jogos em 2002).
- O Zaire empalideceu a África com os 3 jogos de 1974.
- Ah, e em 1938 as Índias Holandesas (atual Indonésia) não balançaram a rede de ninguém (fico imaginando como seria desvirginar a meta do time feminino das Índias Holandesas...).
- Das anteriores, apenas Trinidad e Tobago, em 2006, não perdeu todas as partidas que fez, tendo um empate heroico com a Suécia: um belo 0 × 0 com a vice-campeã de 1958.

Mesmo sem fazer nem um golzinho, Trinidad e Tobago quase entra para a história do gol número 2.000 das Copas. Na partida contra o Paraguai, no dia 20 de junho de 2006, o paraguaio Denis Caniza assinalou o duo milionésimo gol dos Mundiais, mas o árbitro Roberto Rosetti, da Itália, erroneamente anulou o lance. Italiano no futebol não faz gol e ainda anula os que valeram (valha-me Deus!).

Pouco tempo depois, Allback marcou 1 gol pela Suécia no jogo Inglaterra 2 × 2 Suécia, e esse gol entrou para a história como sendo o de número 2.000. Não darei os dados nem os méritos a Marcus Allback; ele não merece. Viva o eterno Caniza!

AS MAIORES GOLEADAS DA HISTÓRIA

Por mais de cem anos, as duas maiores goleadas em jogos oficiais de futebol masculino de que se tem notícia ocorreram no mesmo dia sinistro, muito sinistro... – 12 de setembro de 1885 (!).

Em partidas válidas pela primeira rodada da Copa da Escócia, temporada 1885-1886 – convenhamos, não existiam muitos campeonatos de futebol naqueles tempos, portanto, esse devia ser dos mais importantes –, o Arbroath venceu o Bon Accord por 36 × 0, e o Dundee Harp meteu 35 × 0 no Aberdeen Rovers.

No ano anterior, em mais uma estranha coincidência, Arbroath e Dundee Harp enfrentaram-se pela Copa da Escócia, e o placar foi dos mais singelos: vitória da primeira equipe por 3 × 2. Como desde aquela época goleada não significava título, nenhuma das duas equipes goleadoras levou o caneco; nada de vencer o campeonato, que ficou com a equipe do Queen's Park Glasgow.

Ao menos o Bon Accord, que era da cidade de Aberdeen, tinha (ou talvez teria) uma boa desculpa para essa humilhação sofrida no campo de futebol. Uma explicação boa e simples: o campo deles não era de futebol, e sim de críquete. Ao que tudo indica, o clube foi convidado a participar da Copa da Escócia por engano. Quem deveria ter sido convidado – e não foi – era o Orion. Isso aconteceu porque, à época, os clubes misturavam os esportes, e alguém da organização do torneio se confundiu e comprometeu a bela história de vitórias e conquistas do Cricket de Bon Accord. Inadmissível mesmo foi o clube – de críquete – concordar em disputar um torneio de futebol. Devem ter chegado ao campo com tacos e pequenas bolinhas e, quando viram...

Pelos parcos registros que há dessa partida, existem indícios de que mais gols foram marcados e invalidados pelo árbitro, por alguma razão como impedimento ou dúvida se a bola entrou ou não. E isso não somente por causa da linha do gol, pois, na época, para complicar ainda mais a dura vida de juiz de futebol, nos gols não havia redes, sendo que a já prejudicada visão do árbitro ficava ainda mais dificultada.

O goleiro do Arbroath teria ficado o jogo inteiro sem tocar na bola, e, como não estava fazendo nada mesmo, protegeu-se da chuva com um guarda-chuva emprestado de um torcedor. Dava pra estender uma toalhinha na pequena área e fazer um piquenique também...

Essa "marcante" participação foi a única do Bon Accord numa Copa da Escócia (concluíram, enfim, que tinham mais futuro no críquete mesmo). Voltando no tempo e lembrando de nosso país, perceberemos que o Brasil ainda era um império comandado por dom Pedro II, e a Lei Áurea sequer tinha sido assinada pela princesa Isabel, o que só ocorreu quase três anos depois desses jogos.

Em 30 de outubro de 2002, ocorreu o jogo com mais gols do futebol mundial. Só não o conto como pior do que pelada de mulheres – leia-se: jogo de futebol de mulheres, e não a revista *Playboy* –, porque, nesse dia, os 22 jogadores tentavam fazer os gols para o mesmo lado.

Expliquemos: em jogo válido pela primeira divisão do Campeonato de Madagáscar – já dá pra imaginar o drama... – o AS Adema, que já tinha conquistado o título por antecipação, enfrentou o Stade Olympique L'Emyrne (SOE), clube que tinha sido o campeão de 2001. A princípio, seria um jogo equilibrado, certo? Certo. Mas o imponderável aconteceu. O placar final foram incontáveis 149 × 0 para o AS Adema.

Tudo começou quando o treinador do SOE não gostou de uma marcação do juiz. Aí chamou a rapaziada, que também já estava p. da vida, e combinaram de desancar a fazer gols... na própria meta! Começaram a jogar a bola contra o próprio gol, diante de adversários e árbitro, que assistiam a tudo impávidos.

Essa cena patética se repetiu por muito mais de cem vezes. E, para ter acontecido, os jogadores tinham que se dedicar, correr muito, dar o sangue: pegar a bola dentro do gol e correr para dar uma nova saída o quanto antes, para que ninguém do time

O maior vexame futebolístico feminino

Há uma equipe inglesa que dificilmente será superada por alguma outra em resultados negativos. O Burton Brewers, que, na temporada 2000-2001 da divisão "One North" do Centro-Oeste inglês (equivalente à quinta divisão, a menor divisão possível naquela região), conseguiu a façanha de, em 11 jogos – não me pergunte como – fazer três gols e tomar 234 (!). É claro que foram 11 derrotas das mais inacreditáveis. Olhe só estas goleadas:

- 18 × 0 para o Wolverhampton United
- 17 × 0 para o Shrewsbury Town Youth
- 21 × 0 para o Darlaston
- 27 × 0 para o North Staffs
- 23 × 0 para o Willenhall Town
- 22 × 0 para o Crewe Vagrants
- 16 × 0 para o Wem Raiders, entre outras

E todos esses jogos ocorreram no breve período entre setembro de 2000 e fevereiro de 2001.

Porém, a pior das piores goleadas, o resultado mais absurdo, a maior catástrofe, o maior número de gols, o placar mais bizarro e sinistro, a derrota das derrotas... bem, dá pra entender, né? É que o jogo, que ocorreu em 4 de março de 2001, entre Burton Brewers e Willenhall Town, acabou em 57 × 0. Os registros indicam que essa partida, de fato, existiu. Não é fácil fazer 57 gols nem mesmo jogando contra o vento, e sem goleiro do outro lado.

Depois dessa derrota acachapante, o Burton Brewers parou de atuar. Uma pena. Segundo a Liga Inglesa, o clube lutava desde o início do campeonato para encontrar jogadoras e montar seu time, e a saída do campeonato antes do final não surpreendeu. O que surpreendeu foi um time desse – um dia – ter existido. Ainda fico tentando imaginar como foi esse jogo. Como as minas do outro time conseguiram fazer os 57 gols? As adversárias estavam sentadas? De olhos vendados? Chutando contra o próprio gol? Nunca saberemos.

adversário tentasse atrapalhar o ataque suicida da equipe. Mesmo assim, seria dificílimo haver tempo suficiente para a marcação de tantos gols em noventa minutos. O fato é que a notícia foi divulgada pela imprensa quando a partida ocorreu, o que confirma a veracidade do caso. Acredite se quiser!

* * *

Mamãe, dona Vitória, foi uma das grandes culpadas pelo meu trauma de ser – ou ao menos me sentir como – um perdedor. Além de ter me dado esse nome, Dércio Ota, e ter me feito torcedor do Bangu, ainda me incutiu de diversas maneiras a derrota na pele. Portanto, também resolvi me vingar dela – sim, de mamãe! – mostrando o pior do futebol feminino.

Fiz uma seção sobre os piores times do mundo de mulheres, o que para muitos soará como uma redundância!

AS PIORES CAMPANHAS DA EUROPA

Desvelando as últimas páginas do arquivo, conseguimos encontrar pérolas nas mais distintas competições e divisões do Velho Continente – tá, para quem ainda não sabe, o Velho Continente é a Europa, viu? Por isso, a seguir, estão algumas das campanhas mais mequetrefes do Primeiro Mundo, dignas de fazer parte dos relatos deste humilde escriba.

Union Niederkappel (Áustria)

Um time com esse nome tão lindo e fácil de pronunciar só poderia jogar na sétima divisão do Campeonato Austríaco, temporada 1981-1982. O Union Niederkappel conseguiu o famoso 100% às avessas: aproveitamento de 0% em 22 jogos, com oito gols a favor e a pequena bagatela de 216 contra. A zaga, pelo jeito, não era das melhores...

SSA Antwerpen (Bélgica)

Na oitava divisão do Campeonato Belga, temporada 1995-1996 – não me pergunte como num minipaís como a Bélgica podemos ter oito (!) divisões de futebol; uma, apenas, já seria milagre –, o SSA Antwerpen perdeu os trinta jogos que fez, marcando 12 gols e sofrendo 271. Na última rodada, para fechar a temporada perfeita, a equipe perdeu do Meer (que ao menos conquistou o título) de 20 × 0. E, durante a temporada, o time manteve a média, levando de 14 × 0, 18 × 0 e 18 × 1, entre outros grandes feitos.

SV St.Georg-Horn 5 (Alemanha)

Essa briosa equipe alemã jogava numa liga formada por times reservas de equipes alemãs – algo, no meu tempo de tiozinho, conhecido como "segundo quadro", mas que, nesse caso, chamar de segundo quadro seria elogio, pois estavam mais para quinto ou sexto... –, praticando o esporte no que seria, mais ou menos, a 13ª divisão de clubes (!). Na temporada 1999-2000, a equipe se superou: perdeu seus 18 jogos, fez 13 gols (Zagallo ficaria feliz com essa marca) e sofreu 231 (observe, seu Zagallo, que o começo de 231, ao contrário, também é 13...).

Entre as maiores derrotas sofridas, tivemos 19 × 0 e até 20 × 0.

Mas ocorreu algo mais incrível ainda que essas derrotas. Mesmo com essa campanha lamentável, o St. Georg foi... promovido! Na temporada 2000-2001, houve uma redução considerável de times, e a décima terceira divisão daquela região deixou de existir. Sendo assim, as equipes ascenderam à décima segunda divisão. Quero ver algum time repetir essa campanha e ainda assim subir de divisão! Mas, mesmo jogando na décima segundona, o time não evoluiu; os resultados do clube continuaram pífios na nova divisão, e só venceram uma partida na temporada seguinte... por W.O.

OS PIORES MOMENTOS NAS DISPUTAS POR PÊNALTIS

Na teoria do futebol, nada mais fácil do que bater um pênalti. O gol é enorme, e o goleiro, minúsculo. Mas, quando se leem as fichas das disputas de pênaltis, encontramos dados impressionantes – e, por que não dizer, emocionantes – da simples arte de chutar um penal.

COLÔMBIA
Palermo palerma

Nada mais prazeroso do que lembrar as maiores lambanças na hora de bater o pênalti – lance tão importante, que deveria ser batido pelo presidente do clube, como diria o filósofo do futebol Neném Prancha. E, quando é jogo de Seleção, tem que ser logo o presida da República.

Para nossa diversão, em 4 de julho de 1999, o então presidente argentino Fernando de la Rua tinha mais o que fazer, e o escalado para bater os pênaltis na partida entre Colômbia e Argentina, na cidade paraguaia de Luque, em partida válida pela Copa América daquele ano, foi Palerma, quer dizer, Palermo!

A diversão começou logo aos cinco minutos do primeiro tempo: pênalti – e Palermo foi lá, ajeitou a bola com carinho, pôs na marca da cal, chutou forte e... a bola bateu no travessão e saiu por cima.

Cinco minutos depois, o pênalti foi convertido, mas não por Palermo, nem pela Argentina. A Colômbia abriu o placar com Córdoba. Porém, a Colômbia também perdeu o seu penal. Aos dois minutos do segundo tempo, o goleiro argentino Burgos defendeu um penal de Ricard.

Aos 31 minutos, mais um pênalti para Palermo – agora vai! Ele bateu, firme, e... por cima, de novo.

Então a Colômbia agradeceu a gentileza e resolveu vencer o jogo: fez dois gols, com Congo e Montaño, aos 34 e 42 minutos do segundo tempo, e decidiu a parada: 3 × 0.

Pois então, no último minuto, outro pênalti marcado para a Argentina. E lá foi Palermo, todo confiante, fazer o de honra da Argentina e tentar salvar a própria. Agora não ia ter erro, era só mirar no gol, e ele bateu na direção dele. Beleza! Mas o goleiro Calero defendeu... e Palermo entrou para a história.

Após a Copa América, com a melhor atuação de um atacante argentino na opinião dos brasileiros, Palermo só voltou à Seleção dez anos depois. Dos cinco pênaltis batidos na partida, apenas um foi convertido – um aproveitamento bizarro de 20%.

Holanda
A Laranja que não sabe bater pênaltis

Num levantamento sobre o aproveitamento de penalidades de 2005, a pior Seleção do mundo em aproveitamento na disputa por pênaltis era a de Madagáscar, que perdeu as seis disputas de que participou. Mas o penúltimo lugar pertence a uma Seleção tradicional: a Holanda.

Em oito disputas, os holandeses perderam simplesmente sete, e só quebraram o tabu ao vencer a Suécia por 5 × 4 nos pênaltis, nas quartas de final da Eurocopa de 2004, em 26 de junho daquele ano.

Uma das derrotas – das nossas favoritas – foi quando a Holanda deu tchau para a Copa do Mundo de 1998, após perder para o Brasil de "Sai que é sua, Taffarel" na disputa de penais na semifinal daquela Copa. Depois do empate por 1 × 1 contando tempo normal e prorrogação, vencemos por 4 × 2 nos pênaltis. E depois perdemos, 3 × 0, para a França do carrasco Zidane...

A mais inacreditável disputa por pênaltis da Holanda foi na semifinal da Eurocopa de 2000, em partida realizada contra a Itália em Amsterdã, justamente em casa, na capital holandesa.

A Holanda vinha embalada, pois nas quartas de final tinha vencido a Iugoslávia com uma sacolada de 6 × 1. Contra a Itália, a partida não foi essa baba e, após a prorrogação, o placar ainda estava 0 × 0. Aí vinha a maldita disputa por pênaltis.

Agora o mais desesperador não era a disputa derradeira, e sim o porquê de o jogo não ter terminado antes. O prélio ficou no 0 × 0 porque a Holanda perdeu dois (!) pênaltis durante a partida – um com o zagueiro Frank de Boer, aos 39 minutos do primeiro tempo, e outro com o atacante Kluivert, aos 17 do segundo. Depois de dois penais perdidos, a condenação era evidente. E o pior: a Holanda seria eliminada justamente pela Itália – outra péssima cobradora de penais –, afinal, foi desclassificada assim por três Copas seguidas: 1990, 1994 e 1998.

E a Holanda, diante dos certamente incrédulos torcedores, perdeu nos pênaltis. A Itália marcou em três das quatro cobranças. Quanto à Holanda...

- Primeira cobrança: Frank de Boer tentou novamente, e o goleiro italiano Toldo defendeu.
- Segunda cobrança: o zagueiro Stam chutou para fora.
- Terceira cobrança: Kluivert se "redimiu" e fez o único gol de pênalti da Holanda no dia (ufa!).
- Quarta cobrança: Bosvelt bateu e Toldo defendeu.

Em seis cobranças, incluindo tempo normal e prorrogação, apenas um gol marcado. Aproveitamento ridículo e *bye-bye* Euro 2010. E a Itália perdeu na final para a França do carrasco Zidane...

Barcelona (Espanha)
A pior Copa dos Campeões da Europa

O Barcelona é reconhecido mundialmente pelo futebol alegre, bonito e vistoso, mas aparece aqui em nossos humildes escritos devido a um desempenho vergonhoso justamente na final da Copa dos Campeões da Europa.

Na temporada 1985-1986, Steaua Bucareste (Romênia) e Barcelona (Espanha) empataram em 0 × 0, em partida realizada em Sevilha. O jogo foi para os pênaltis e, após duas cobranças de cada lado, a peleja permanecia 0 × 0. O romeno Lacatus abriu o placar da disputa na quinta cobrança. E o Barcelona teve seu terceiro pênalti defendido pelo goleiro romeno Ducadam. Na quarta cobrança, o Steaua fez 2 × 0, e o Barcelona teve a pachorra de perder o quarto pênalti seguido! E todos defendidos pelo paredão Dudacam! Final da disputa: 2 × 0 para o Steaua, campeão europeu daquele ano, e Ducadam virou um herói romeno, finalmente suplantando a figura de Drácula, que, segundo a lenda, veio daquele país...

Libertadores – Momento (nada) memorável

A pior decisão por pênaltis da história da Taça Libertadores da América ocorreu na semifinal de 1990, entre Olímpia (Paraguai) e Atlético Nacional (Colômbia). Assim, como na disputa entre Barça e Steaua, após quatro cobranças ninguém havia balançado a rede. E a disputa acabou 2 × 1 para o Olímpia, que viria a ganhar a Libertadores desse ano.

Mas, que o Atlético Nacional teve chance de ganhar nos pênaltis, teve... Curiosamente, os goleiros Almeida, do Olímpia, e Higuita, do Nacional, abriram as cobranças – e, é evidente, como são goleiros, ambos perderam o pênalti! O lendário Higuita, verdadeiro fanfarrão dos campos de futebol, defendeu o de Almeida, e, para compensar, bateu o seu penal para fora. Depois, Higuita defendeu mais três chutes, e ainda assim seus "companheiros" – graaandes amigos – não colaboraram. Resultado: seu time caiu fora. Isso depois de um total de 12 cobranças. Após as cinco cobranças regulamentares de cada lado, o placar estava apenas 1 × 1...

Outra disputa por pênaltis que teve um aproveitamento de apenas 25% ocorreu na África do Sul, na final da Copa da Liga Sul-Africana de 1998, entre Kaizer Chiefs e Mamelodi Sundowns. Após 12 pênaltis, pois a disputa também precisou de cobranças alternadas, o resultado final foi um apertado 2 × 1 para o Kaizer Chiefs. Era melhor ter chamado Nelson Mandela pra bater um dos penais; aposto que ele guardava...

FINAL
DE VOLTA AO BRASIL

Fui traído por alguém dentro da Fifa. Ao chegar de manhã para trabalhar, fui barrado pelos seguranças. Disseram que eu havia sido demitido. Deve ter sido a senhorita Nadya Putina, que provavelmente não gostou da minha mímica ao pedir o peru do meu sanduíche. Deve ter se sentido assediada. Ao menos o dossiê continuava comigo. Suspeito também de que algum alcaguete contou que eu vivia chamando o Blatter de Zé, e acho que ele não gostou da intimidade. Fui mandado de volta para o Brasil com uma nova derrota para meu currículo.

Depois de ser constantemente humilhado pela Vitória – minha mãe –; de ser conhecido mundialmente como Dér Ota – apesar de ser um verdadeiro Takawara –; após ser condenado a torcer pelo Bangu, time que dificilmente verei ser campeão; enfim, depois de tantas e tantas danças com a vassoura nos bailinhos do colégio, agora sou demitido de um lugar no qual todos ficam por trinta, quarenta anos. É, a derrota está em meu DNA.

O que eu trouxe para casa foi esse arquivo que escrevi com os maiores vexames da história do futebol de lá de fora. As piores derrotas, goleadas, os piores times e jogadores, os maiores pernas de pau do planeta.

Pensei em publicar tudo num livro para mostrar ao mundo a "beleza" de perder; que não existe vitória sem derrota; que ser derrotado de forma humilhante é, sim, uma arte. Mas, como conheço minha maré (de azar), acredito que ninguém compraria meu livro. Ficaria ali, sozinho na livraria, esperando alguém aparecer para pedir meu autógrafo, só para encher a cara de vinho branco barato.

Resolvi colocar tudo num envelope e enderecei o dossiê com uma cartinha ao presidente da CBF. Uma semana depois, recebi uma resposta da assessoria de imprensa da entidade. Eles me queriam lá de volta! Disseram que precisavam de alguém com meu perfil (?!) para tomar conta da organização da Copa do Mundo de 2014. Agora vai!

P.S.: Soube que Florêncio Torres foi mandado embora da Fifa depois que a Seleção Brasileira perdeu quatro pênaltis contra o Paraguai, na Copa América de 2011. Desconfio que a Fifa percebeu que não era mais preciso pagar alguém para ficar pesquisando os desastres do futebol brasileiro. O motivo alegado, porém, foi a perda de documentos. Mas ele não ficou muito tempo sem emprego. Conseguiu o papel de seu Madruga em uma peça de teatro infantil da Turma do Chaves. Ele ainda utiliza os serviços de uma de suas secretárias como assessora. Escolheu a Riquelme, parecida com a Larissa, claro. Dizem que ela deu uma turbinada nos *airbags*, e que o novo farol de milha da paraguaia ficou bem melhor.

REFERÊNCIAS BIBLIOGRÁFICAS

ASSAF, R.; MARTINS, C. *Almanaque do Flamengo*. São Paulo: Abril, 2001.

_____. *Campeonato Carioca: 96 anos de história – 1902-1997*. Rio de Janeiro: Irradiação Cultural, 1997.

BESTARD, M. A. *International football in South America 1901-1991*. Grã-Bretanha: Soccer Book Publishing, 1992.

BINDI, L. F. *Futebol é uma caixinha de surpresas*. São Paulo: Panda Books, 2007.

CARVALHO, G. L.; SANTIAGO Jr., J. R. S. *Copas do Mundo – Das Eliminatórias ao título*. São Paulo: Novera, 2006.

CORREIA, A. C. *Da lateral*. Maceió: Edições Catavento, 2001.

COSTA, A. *Almanaque do São Paulo*. São Paulo: Abril, 2005.

DUARTE, M. *O guia dos curiosos – Esportes*. São Paulo: Panda Books, 2006.

_____. *O guia dos curiosos – Jogos olímpicos*. São Paulo: Panda Books, 2004.

ESCOBAR, A.; MIGUERES, M. *Vinte anos da Copa do Brasil*. Rio de Janeiro: Viana & Mosley, 2009.

GEHRINGER, M. *Almanaque dos Mundiais*. São Paulo: Globo, 2010.

_____. *As Copas de Max*. Boletins para a rádio CBN, 2010.

KNIGHT, K.; KOBYLECKY, J.; VAN HOOF, S. *A history of The World Cup – Volume I – The Jules Rimet years. 1930-1970*. Bélgica: Heart Books, 1998.

NAPOLEÃO, A. C.; ASSAR, R. *Seleção Brasileira – 90 anos, 1914-2004*. Rio de Janeiro: Mauad, 2004.

OLIVEIRA FILHO, S. *Piauí – 100 anos de futebol*. Piauí: Edição do Autor, 2005.

RIBAS, L. V. *O mundo das Copas*. São Paulo: Lua de Papel, 2010.

RIBEIRO, H. *Almanaque do Cruzeiro*. Belo Horizonte: Edição do Autor, 2007.

RIBEIRO, R. *O caminho da bola*. v. 1. São Paulo: 2000.

______. *O caminho da bola*. v. II e III. São Paulo: 2008.
SANTIAGO Jr., J. R. S. *Clubes do futebol brasileiro*. Rio de Janeiro: Papel Virtual, 2004.
_____. *Os arquivos dos Campeonatos Brasileiros*. São Paulo: Panda Books, 2006.
_____. *Campeonato Brasileiro/Brazilian Championship – 1971--2006*. Portugal: Luís Amorim Editions, 2007.
SOTER, I. et al. *Todos os jogos do Brasil*. São Paulo: Abril, 2006.
STORTI, V.; FONTENELLE, A. *A história do Campeonato Paulista: 1902-1996*. São Paulo: Publifolha, 1997.
UNZELTE, C. D. *Almanaque do Corinthians*. São Paulo: Abril, 2005.
_____; VENDITTI, M. S. *Almanaque do Palmeiras*. São Paulo: Abril, 2004.

Revistas, Programas de rádio e Programas de TV

Placar, Brasil – Boletins com André Coutinho (rádio Bandeirantes), *O Brasil da Copa do Brasil* e *Histórias do Esporte (ESPN)*.

Sites

www.campeoesdofutebol.com.br/hist_asa.html
http://blog.soccerlogos.com.br/2007/04/10/cantodoriorj/
http://hisbrasil.blogspot.com/2008/01/jogador-cabeleireiro-e-homem.html
http://hisbrasil.blogspot.com/search?q=shampoo
http://pt.wikipedia.org/wiki/
http://en.wikipedia.org/wiki/Bon_Accord_F.C.
www.fifa.com/
www.distintivos.com.br
www.rsssf.com
www.rsssf.com/miscellaneous/ssa.html
www.rsssf.com/miscellaneous/penalties.html
www.flamengo.com.br/flapedia/Mangueira_RJ
www.futebolpaulista.com.br/competicao.php?page=4&cam=104&cat=74&ano=2010

CONHEÇA OUTROS TÍTULOS BONS DE BOLA DA PANDA BOOKS

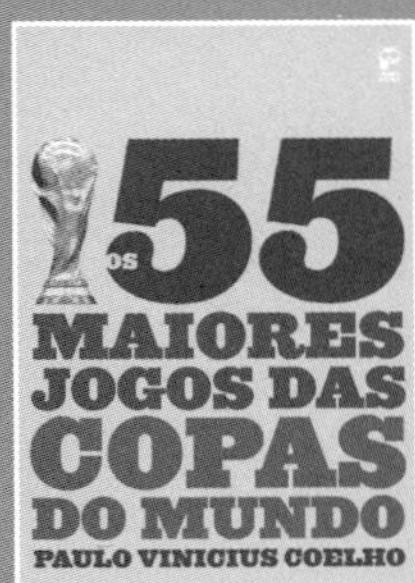